아리가또

슈퍼 주니어일본어

Nihongo Factory

Foreign Copyright:
Joonwon Lee
Address: 10, Simhaksan-ro, Seopae-dong, Paju-si, Kyunggi-do,
         Korea
Telephone: 82-2-3142-4151
E-mail: jwlee@cyber.co.kr

아리가또 슈퍼 주니어 일본어 1

2009. 2. 20. 초판 1쇄 발행
2019. 4. 5. 초판 11쇄 발행

지은이 | 김영훈, 신재훈, 오카다 도모미, 전윤경, 박소영
펴낸이 | 이종춘
펴낸곳 | (주)도서출판 성안당

주소 | 04032 서울시 마포구 양화로 127 첨단빌딩 3층(출판기획 R&D 센터)
     | 10881 경기도 파주시 문발로 112 출판문화정보산업단지(제작 및 물류)
전화 | 02)3142-0036
     | 031)950-6300
팩스 | 031)955-0510
등록 | 1973.2.1. 제406-2005-000046호
출판사 홈페이지 | www.cyber.co.kr
ISBN | 978-89-315-8795-1 (03730)
정가 | 16,000원

이 책을 만든 사람들

기획 | 최옥현
진행 | 김해영
본문 디자인·일러스트 | 오미영
표지 디자인 | 박현정, Design Goods
홍보 | 김계향, 정가현
국제부 | 이선민, 조혜란, 김혜숙
마케팅 | 구본철, 차정욱, 나진호, 이동후, 강호묵
제작 | 김유석

■ 도서 A/S 안내

성안당에서 발행하는 모든 도서는 저자와 출판사, 그리고 독자가 함께 만들어 나갑니다.
좋은 책을 펴내기 위해 많은 노력을 기울이고 있습니다. 혹시라도 내용상의 오류나 오탈자 등이 발견되면 **"좋은 책은 나라의 보배"**로서 우리 모두가 함께 만들어 간다는 마음으로 연락주시기 바랍니다. 수정 보완하여 더 나은 책이 되도록 최선을 다하겠습니다.
성안당은 늘 독자 여러분들의 소중한 의견을 기다리고 있습니다. 좋은 의견을 보내주시는 분께는 성안당 쇼핑몰의 포인트(3,000포인트)를 적립해 드립니다.

잘못 만들어진 책이나 부록 등이 파손된 경우에는 교환해 드립니다.

머리말

일본어는 우리 말과 어순이 같고 문법이 거의 같기 때문에 다른 외국어에 비해서 상대적으로 공부하기가 쉽습니다. 하지만 가르치는 선생님이나 교재에 따라서는 아주 재미있게 공부할 수도 있고, 반대로 흥미를 잃어버리게 될 수도 있습니다. 요즈음은 많은 중, 고등학생들이 인터넷을 통해서 일본에 대한 정보 및 지식을 얻고 있습니다. 그 중에서도 특히 일본 드라마나 애니메이션, 만화, 가요 등에 대해서 자세히 알고 있는 학생들도 많습니다. 다만, 이러한 대부분의 학생들이 독학으로 공부해서 잘못된 정보 또는 지식을 가지고 있거나 어느 수준에 도달하면 한계에 부딪혀서 더 이상 발전하지 못하는 안타까움이 있습니다. 일본어를 체계적으로 공부하면 자신의 관심 분야에 대해서 좀 더 정확하게 많은 정보를 얻을 수 있게 되고, 능숙하게 말할 수도 있게 됩니다.

본 교재는 학습자 여러분이 일본어를 보다 쉽게 이해할 수 있도록 많은 삽화를 넣었으며, 재미있고 자연스럽게 익힐 수 있도록 게임이나 퀴즈 문제 등 다양한 장치를 마련하였습니다. 본문은 실제 회화에 사용되고 응용 가능한 문장들로 구성하였고, 말 바꾸기 연습을 통해서 말하기 학습 능력을 최대화하도록 연구하였습니다. 그리고 연습 문제와 청취 문제를 통해서 학습한 내용을 테스트해 보고 점검할 수 있도록 하였습니다. 좀 더 열심히 공부하고 싶은 분들을 위해서는 일본의 기초 한자도 실었습니다. 그 밖에 일본의 중, 고등학생의 학교 생활과 여러 분야의 일본 문화를 소개함으로써 학습자 여러분이 일본을 보다 더 잘 아는 데에 도움이 되도록 하였습니다.

어학은 매일매일 거르지 않고 조금씩이라도 공부하는 꾸준한 노력이 따르지 않으면 능숙해지기 어렵습니다. 본 교재를 통해서 학습자 여러분이 일본어를 배우고 열심히 공부해서 장래에 일본어를 능숙하게 말할 수 있게 되고 또한 일본에 대해서 많이 알게 됨으로써 우리 나라와 일본이 보다 더 가까워질 수 있는 다리 역할을 해 주기를 바랍니다.

끝으로 본 교재 출판에 많은 도움을 주신 니혼고 팩토리 관계자 여러분께 깊은 감사 말씀 올립니다.

저자 일동

이 책의 구성 및 특징

이 책은 주니어용인만큼 일본어 기초학습에 도움이 되는 여러가지 교육기자재를 활용할 수 있는 것이 큰 특징입니다. 교육기자재로는 일본어펜맨십, 오디오CD, 본문동영상, 각종 카드가 있습니다. 일본어의 기본인 어휘, 문법, 문형, 회화, 듣기, 문화와 함께 재미있는 게임으로 흥미진진한 수업이 됩니다.

마인드맵

본문에서 배울 필수문형과 단어를 입체적인 마인드맵으로 학습할 수 있습니다.

본문 · 단어 · 문법공부

본문을 공부하기 전에 새로 나온 단어를 먼저 학습합니다. 본문과 함께 기초문법을 쉽게 접근합니다. 본문은 오디오CD와 동영상 학습으로 보다 능률이 향상됩니다.

문형연습과 회화연습

문형의 반복학습과 회화연습으로 실전에 대비한 충분한 연습이 가능합니다.

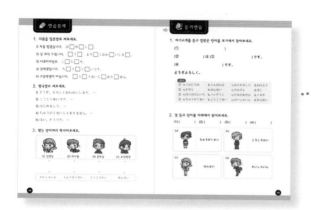

연습문제와 듣기연습

배운 것을 연습하고, 듣기로 한 과를 마무리합니다.

한자공부와 일본문화

요즘 학생들이 취약한 한자를 공부하여 일본어 학습에 능률을 높이며, 일본의 여러 가지 문화와 학교생활을 통하여 현지에서 바로 활동 가능하게 합니다.

GAME 게임

배우긴 했지만 잊어버리기 쉬운 것이 언어인 만큼 친구들과 일본어 게임을 함으로써 뇌리에 박혀 평생 잊어버리지 않는 일본어 학습이 되게 합니다. 부록에 있는 카드를 활용하기 바랍니다.

오디오CD를 듣고 동영상(인터넷 무료)을 보면서 공부하시면 더욱 효과적입니다.

 원어민 오디오 발음 (본문 | 회화연습 | 듣기연습)

 본문 상황의 동영상 (본문)

목차

오디오 CD 목차

1과 ひらがなと はつおん

히라가나와 발음

	あ단	い단	う단	え단	お단
あ	あ a	い i	う u	え e	お o
か	か ka	き ki	く ku	け ke	こ ko
さ	さ sa	し si	す su	せ se	そ so
た	た ta	ち chi	つ tsu	て te	と to
な	な na	に ni	ぬ nu	ね ne	の no
は	は ha	ひ hi	ふ hu	へ he	ほ ho
ま	ま ma	み mi	む mu	め me	も mo
や	や ya		ゆ yu		よ yo
ら	ら ra	り ri	る ru	れ re	ろ ro
わ	わ wa				を wo

➕ ん
n

1 청음 (清音^{せいおん})

청음이란 맑은 소리를 말합니다. CD에 녹음된 발음을 따라서 연습해 보세요.

あ_行	あ	い	う	え	お
	아 [a]	이 [i]	우 [u]	에 [e]	오 [o]

う는 우리 말의 [우]와 [으]의 중간 소리로 발음합니다. 다음 단어들을 읽어 보세요.

예)

あい 사랑 　　 いえ 집 　　 うえ 위 　　 え 그림 　　 あお 파랑

か_行	か	き	く	け	こ
	카 [ka]	키 [ki]	쿠 [ku]	케 [ke]	코 [ko]

か행이 단어의 첫머리에 올 경우는 우리 말의 [ㅋ]와 [ㄱ]의 중간 소리로 발음하지만, 단어의 중간이나 끝에 올 때는 우리 말의 [ㄲ]에 가깝게 발음합니다.

예)

かお 얼굴 　　 あき 가을 　　 きく 국화 　　 いけ 연못 　　 ここ 여기

さ_行	さ	し	す	せ	そ
	사 [sa]	시 [si]	수 [su]	세 [se]	소 [so]

예)

あさ 아침 　　 うし 소 　　 すし 초밥 　　 せき 자리 　　 うそ 거짓말

※ 다음 단어를 히라가나로 써 보고 읽어 보세요.

え 그림　　　いえ 집　　　うし 소　　　かお 얼굴

きく 국화　　　いけ 연못　　　すし 초밥　　　せき 자리

え	え								
い	え	い	え						
い	け	い	け						
う	し	う	し						
か	お	か	お						
き	く	き	く						
す	し	す	し						
せ	き	せ	き						

た行	た	ち	つ	て	と
	타 [ta]	치 [chi]	츠 [tsu]	테 [te]	토 [to]

✏️ た행이 단어의 첫머리에 올 경우는 [ㅌ]와 [ㄷ]의 중간 소리로 발음하지만, 중간이나 끝에 올 때는 우리 말의 [ㄸ], [ㅉ]에 가깝게 발음합니다.

예)

たこ 문어   ちか 지하   つくえ 책상   て 손   おと 소리

な行	な	に	ぬ	ね	の
	나 [na]	니 [ni]	누 [nu]	네 [ne]	노 [no]

예)

なし 배   にく 고기   いぬ 개   ねこ 고양이   ぬの 천

は行	は	ひ	ふ	へ	ほ
	하 [ha]	히 [hi]	후 [hu]	헤 [he]	호 [ho]

✏️ [は] 와 [へ]는 단어에서는 하 [ha], 헤 [he] 로 발음하지만, 우리 말의 ~은/는, ~에, ~으로 라는 조사로 사용될 경우는 와 [wa], 에 [e] 로 발음합니다.

예)

はと 비둘기   ひとつ 하나   ふね 배   へそ 배꼽   ほし 별

※ 다음 단어를 히라가나로 써 보고 읽어 보세요.

いぬ 개　　たこ 문어　　ちかてつ 지하철　　にく 고기　　ねこ 고양이

はと 비둘기　　なし 배　　ふね 배　　へそ 배꼽　　ほし 별

い	ぬ	い	ぬ				
た	こ	た	こ				
ち	か	て	つ	ち	か	て	つ
に	く	に	く				
ね	こ	ね	こ				
は	と	は	と				
な	し	な	し				
ふ	ね	ふ	ね				
へ	そ	へ	そ				
ほ	し	ほ	し				

| ま行 | ま
마 [ma] | み
미 [mi] | む
무 [mu] | め
메 [me] | も
모 [mo] |

예)

まめ 콩　　　みそ 된장　　　むかし 옛날　　　めし 밥　　　もち 떡

| や行 | や
야 [ya] | ゆ
유 [yu] | よ
요 [yo] |

예)

やま 산　　　　　ゆき 눈　　　　　よる 밤, 저녁

| ら行 | ら
라 [ra] | り
리 [ri] | る
루 [ru] | れ
레 [re] | ろ
로 [ro] |

예)

さくら 벚꽃　　　あり 개미　　　さる 원숭이　　　あれ 저것　　　ろく 6 (육)

わ			を
와 [wa]			오 [wo]

✏️ [を]는 あ행의 [お]와 발음은 같으나 일반 단어에는 사용되지 않고 ~을/를 이라는 목적 조사로만 사용됩니다. 일반 단어에 사용되는 お와 구별해서 틀리지 않도록 주의합시다.

예)

わたし 저, 나

ん
응 [n]

✏️ [ん]은 우리 말의 받침 역할을 하며 경우에 따라서 [ㄴ], [ㅁ], [ㅇ]으로 발음됩니다.

예)

みかん 귤

※ 다음 단어를 히라가나로 써 보고 읽어 보세요.

| まめ 콩 | みかん 귤 | むら 마을 | もち 떡 | やま 산 |

| ゆき 눈 | よる 밤 | さる 원숭이 | ろく 6 (육) | わたし 나 |

さ	る	さ	る						
ま	め	ま	め						
み	か	ん	み	か	ん				
む	ら	む	ら						
も	ち	も	ち						
や	ま	や	ま						
ゆ	き	ゆ	き						
よ	る	よ	る						
ろ	く	ろ	く						
わ	た	し	わ	た	し				

1. 다음 히라가나들은 어떻게 발음될까요? 알맞은 발음과 연결해 보세요.

お	さ	き	ほ	る	む	て	ゆ

ho	ki	te	sa	ru	o	yu	mu

ぬ	へ	め	ま	ろ	う	と	わ

me	ro	nu	ma	he	to	wa	u

そ	ね	の	ち	れ	や	す	こ

ne	so	re	no	ko	chi	ya	su

り	よ	せ	た	い	け	も	な

se	yo	ri	i	ke	mo	ta	na

2. 다음 발음을 히라가나로 써 봅시다.

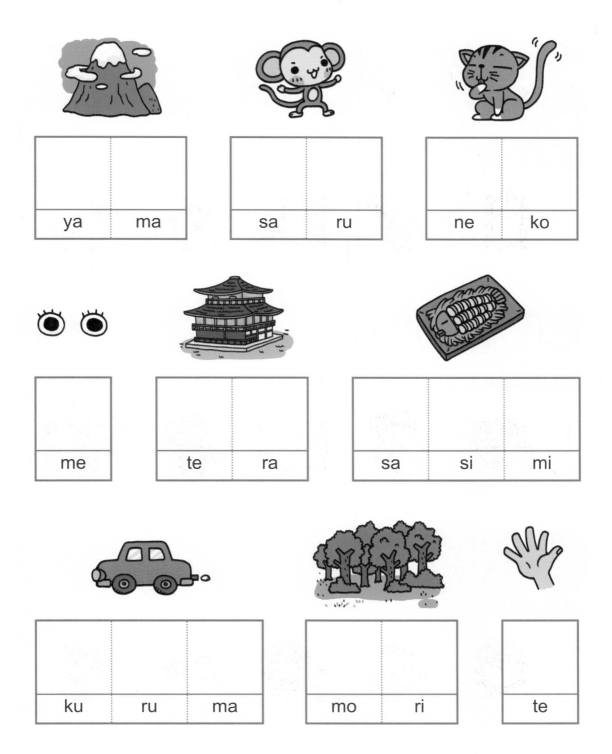

ya	ma

sa	ru

ne	ko

me

te	ra

sa	si	mi

ku	ru	ma

mo	ri

te

🔊 **2** 탁음(濁音_{だくおん})

🌸 청음에 탁점「ゝ」을 붙이면 소리가 탁해진다고 해서 탁음이라고 합니다. 탁음은 우리 나라 사람이 잘 구별하기 어려운 발음이기 때문에 CD에 녹음된 발음을 잘 듣고 정확한 발음을 연습해 봅시다.

が行	が	ぎ	ぐ	げ	ご
	가 [ga]	기 [gi]	구 [gu]	게 [ge]	고 [go]

예)

かがみ 거울	かぎ 열쇠	かぐ 가구	げた 나막신	ごみ 쓰레기

ざ行	ざ	じ	ず	ぜ	ぞ
	자 [za]	지 [ji]	즈 [zu]	제 [ze]	조 [zo]

예)

ざる 바구니	そうじ 청소	ちず 지도	かぜ 감기	かぞく 가족

だ行	だ	ぢ	づ	で	ど
	다 [da]	지 [ji]	즈 [zu]	데 [de]	도 [do]

예)

だれ 누구	はなぢ 코피	こづかい 용돈	そで 소매	こども 어린이

✏️ 현대 일본어에서는「じ」와「ぢ」,「ず」와「づ」는 발음이 같은 것으로 생각합니다.

ば	び	ぶ	べ	ぼ
바 [ba]	비 [bi]	부 [bu]	베 [be]	보 [bo]

예)

かばん 가방　　くび 목　　ぶた 돼지　　かべ 벽　　ぼうし 모자

3 반탁음(半濁音) はんだくおん

🌸 「は행」에 반탁점 「°」이 붙는 것을 말하며 「파」 「피」 「푸」 「페」 「포」로 발음합니다.

ぱ	ぴ	ぷ	ぺ	ぽ
파 [pa]	피 [pi]	푸 [pu]	페 [pe]	포 [po]

✏ 「ぱ행」이 단어의 첫머리에 오는 경우는 외래어, 의성어, 의태어를 표기할 때이며, 일반 단어에서는 단어의 중간 또는 끝에 옵니다. 「ぱ행」이 단어의 중간 또는 끝에 올 경우는 우리 말의 「ㅃ」에 가깝게 발음합니다.

예)

かんぱい 건배　　えんぴつ 연필　　てんぷら 튀김　　ぺこぺこ 꼬르륵

たんぽぽ 민들레

※ 다음 단어를 히라가나로 써 보고 읽어 보세요.

かがみ 거울

ねぎ 파

げた 나막신

ざせき 좌석

ちず 지도

かぞく 가족

はなぢ 코피

こども 어린이

ゆび 손가락

ぼうし 모자

てんぷら 튀김

たんぽぽ 민들레

げ	た	げ	た					
か	ぞ	く	か	ぞ	く			
か	が	み	か	が	み			
た	ん	ぽ	ぽ	た	ん	ぽ	ぽ	
ざ	せ	き	ざ	せ	き			
て	ん	ぷ	ら	て	ん	ぷ	ら	
ね	ぎ	ね	ぎ					
は	な	ぢ	は	な	ぢ			
ぼ	う	し	ぼ	う	し			
こ	ど	も	こ	ど	も			
ち	ず	ち	ず					
ゆ	び	ゆ	び					

※ 다음 히라가나들은 어떻게 발음 될까요? 알맞은 발음과 연결해 보세요.

| で | ば | ぞ | ぐ | ぜ | じ | が | ぽ |

| zo | de | gu | ba | ga | po | ze | ji |

| び | づ | ざ | ぢ | ぼ | ぷ | ぎ | べ |

| za | bi | bo | zu | gi | ji | be | pu |

| だ | ず | ぱ | げ | ぴ | ど | ご | ぶ |

| pa | ge | da | zu | do | bu | go | pi |

4 요음(拗音 ようおん)

「い단」의 글자 옆에 「や, ゆ, よ」를 조그맣게 써서 표기합니다. 녹음된 발음을 따라서 연습해 보세요.

きゃ (kya) 키+야→캬	きゅ (kyu) 키+유→큐	きょ (kyo) 키+요→쿄	ぎゃ (gya) 기+야→갸	ぎゅ (gyu) 기+유→규	ぎょ (gyo) 기+요→교
しゃ (sya) 시+야→샤	しゅ (syu) 시+유→슈	しょ (syo) 시+요→쇼	じゃ (zya) 지+야→쟈	じゅ (zyu) 지+유→쥬	じょ (zyo) 지+요→죠
ちゃ (cha) 치+야→챠	ちゅ (chu) 치+유→츄	ちょ (cho) 치+요→쵸	ぢゃ (zya) 지+야→쟈	ぢゅ (zyu) 지+유→쥬	ぢょ (zyo) 지+요→죠
にゃ (nya) 니+야→냐	にゅ (nyu) 니+유→뉴	にょ (nyo) 니+요→뇨	ひゃ (hya) 히+야→햐	ひゅ (hyu) 히+유→휴	ひょ (hyo) 히+요→효
びゃ (bya) 비+야→뱌	びゅ (byu) 비+유→뷰	びょ (byo) 비+요→뵤	ぴゃ (pya) 피+야→퍄	ぴゅ (pyu) 피+유→퓨	ぴょ (pyo) 피+요→표
みゃ (mya) 미+야→먀	みゅ (myu) 미+유→뮤	みょ (myo) 미+요→묘	りゃ (rya) 리+야→랴	りゅ (ryu) 리+유→류	りょ (ryo) 리+요→료

예)

いしゃ 의사

きゅう 9 (구)

ぎゅうにゅう 우유

にんぎょう 인형

しゃしん 사진

じゃがいも 감자

おちゃ 차

としょかん 도서관

びょういん 병원

300
さんびゃく 삼백

みょうじ 성(씨)

りょうり 요리

🔊 5 장음(長音) ちょうおん

🌸 장음은 한국인이 소홀히 하는 발음 중의 하나로 일본어에서는 장음 처리를 잘못하면 전혀 다른 뜻을 나타내는 경우가 있기 때문에 녹음된 발음을 잘 들으면서 발음 연습을 해 보세요.

1. 「あ단」 다음에 오는 모음 「あ」는 길게 끌어서 발음한다.
   ① おかあさん 어머니　　おかさん 오카씨 (일본인 성씨 중의 하나)
   ② おばあさん 할머니　　おばさん 아주머니

2. 「い단」 다음에 오는 모음 「い」는 길게 끌어서 발음한다.
   ① いい 좋다　　　　　　い 위
   ② おじいさん 할아버지　おじさん 아저씨

3. 「う단」 다음에 오는 모음 「う」는 길게 끌어서 발음한다.
   ① すうじ 숫자　　　　　すじ 힘줄
   ② ゆうき 용기　　　　　ゆき 눈

4. 「え단」 다음에 오는 모음 「え」와 「い」는 길게 끌어서 발음한다.
   ① めいし 명함　　　　　めし 밥 (남성어)
   ② おねえさん 누나, 언니
   ③ せんせい 선생님　>> 센세― (O), 센세이(X)

5. 「お단」 다음에 오는 모음 「お」와 「う」는 길게 끌어서 발음한다.
   ① おおい 많다　　　　　おい 남자 조카
   ② おとうさん 아버지　>> 오또―상 (O), 오또우상(X)
   ③ ぼうし 모자　　　　>> 보―시 (O), 보우시(X)

🔊 6 촉음(促音) そくおん

🌸 촉음 「っ」는 우리 말의 받침 역할을 하며 우리 말의 「ㄱ」, 「ㄷ」, 「ㅂ」, 「ㅅ」으로 발음됩니다.

1. 「ㄱ」으로 발음이 되는 경우
   촉음 「っ」 다음에 「か행」이 올 때

   예) こっか 국가　　さっき 조금 전에　　がっこう 학교

2. 「ㄷ」으로 발음이 되는 경우
  촉음 「っ」 다음에 「た행」이 올 때

  예) はってん 발전   きって 우표   おっと 남편

3. 「ㅅ」으로 발음이 되는 경우
  촉음 「っ」 다음에 「さ행」이 올 때

  예) いっさい 한 살   ざっし 잡지   けっせき 결석

4. 「ㅂ」으로 발음이 되는 경우
  촉음 「っ」 다음에 「ぱ행」이 올 때

  예) いっぱい 가득   いっぴき 한 마리   きっぷ 표, 티켓

7 발음(撥音) <small>はつおん</small>

발음 「ん」도 역시 우리 말의 받침 역할을 하며 우리 말의 「ㄴ」, 「ㅁ」, 「ㅇ」으로 발음됩니다.

1. 「ㄴ」으로 발음이 되는 경우
  발음 「ん」 다음에 「さ행, ざ행, た행, だ행, な행, ら행」이 올 때

  예) しんせつ 친절   かんじ 한자   せんたく 세탁   もんだい 문제
  あんない 안내   けんり 권리

2. 「ㅁ」으로 발음이 되는 경우
  발음 「ん」 다음에 「ま행, ば행, ぱ행」이 올 때

  예) うんめい 운명   せんぱい 선배   さんぽ 산책

3. 「ㅇ」으로 발음이 되는 경우
  발음 「ん」 다음에 「あ행, か행, が행, や행, わ행」이 올 때

  예) れんあい 연애   かんこく 한국   おんがく 음악   ほんや 서점
  でんわ 전화

1. 다음 발음들을 히라가나로 사다리 밑 괄호 안에 써 보세요.

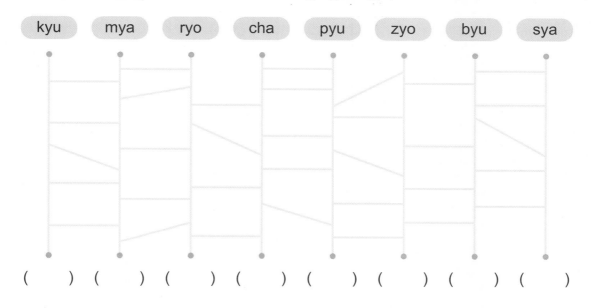

| kyu | mya | ryo | cha | pyu | zyo | byu | sya |

(   ) (   ) (   ) (   ) (   ) (   ) (   ) (   )

2. 다음 발음들을 히라가나로 써 보세요.

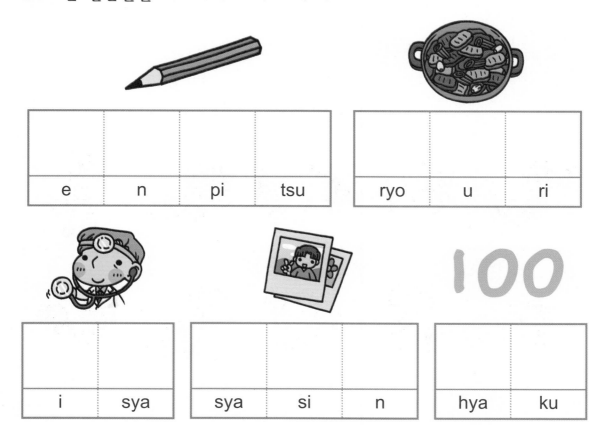

e	n	pi	tsu

ryo	u	ri

i	sya

sya	si	n

hya	ku

1. 잘 듣고 ひらがな를 찾아 색칠하세요.

よ	な	り	お	し	い	く	ひ	し
ち	そ	せ	つ	め	み	せ	え	ほ
さ	は	え	よ	か	の	へ	の	や
ぬ	れ	そ	た	わ	け	ま	と	う
れ	あ	へ	も	あ	も	こ	た	に
む	た	は	け	と	は	そ	お	る
お	ら	と	め	の	わ	め	ゆ	い
へ	も	ふ	け	そ	ら	ね	あ	れ
し	の	ら	き	ま	す	た	ま	へ
は	た	せ	あ	て	け	せ	と	い

2. 잘 듣고 단어를 아래에서 찾아보세요.

(1) (   ) (2) (   ) (3) (   ) (4) (   )

(5) (   ) (6) (   ) (7) (   ) (8) (   )

(a) いぬ	(b) ねこ	(c) うま	(d) うし	(e) しか

(f) りす	(g) くま	(h) さる	(i) きつね	(j) たぬき

GAME 게임

준비물 ※부록활용

히라가나 카드

게임방법

1. 4~6명씩 조를 만든다.

2. 조별로 46개의 히라가나 카드를 준비하고, 글자가 보이는 쪽을 위로 하여 책상 위에 겹치지 않게 흩어 둔다.

3. 히라가나 카드를 10초간 훑어보게 한다.

4. 선생님이 히라가나를 하나씩 읽으면 발음에 해당하는 히라가나 카드를 재빨리 찾는다.

5. 카드를 재빨리 그리고 많이 찾는 사람이 승~!

게임응용

히라가나 부르는 친구를 정하여 친구들끼리 모여 게임을 한다.

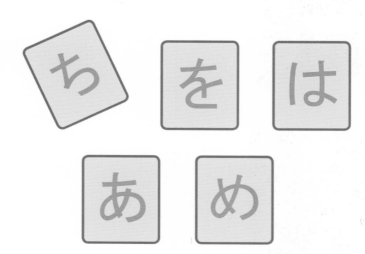

ゲーム
게임

요즘 우리나라는 '온라인 게임 강국'이라고 불립니다. 수많은 온라인 게임이 있고 해외에서도 인기를 끌고 있습니다. 우리나라는 불법복제의 위험이 적은 온라인 게임을 많이 하는 편이며 많은 프로게이머들이 온라인을 통해 E스포츠 대회에서 활약하고 있습니다.

그럼 일본의 게임은 어떨까요? 일본은 '콘솔게임' 또는 '패키지게임'이라고 불리는 가정용 게임기가 중심입니다. 일본에서는 1983년에 가정용 게임기가 큰 인기를 끌면서 게임도 하나의 문화로서 인정받기 시작했습니다. 예전에는 오락실에 가서 동전을 넣고 했던 게임을 집에서도 언제든지 쉽게 즐길 수 있게 되면서 많은 사람들에게 열광적인 환호를 받았습니다. 일본에서는 오락실을 '게임센터'라고 부릅니다. 줄여서 '게센'이라고들 많이 하지요. 게임센터마다 전용 게임코인이 있습니다.

게임센터 전용코인

한국과 일본의 게임 비교

한국	일본
- 콘솔게임 〈 온라인게임 - 온라인 인터넷으로 모르는 사람들과 동시에 함께 즐기기를 좋아한다. - E스포츠가 활성화되어 있다.	- 콘솔게임 〉 온라인게임 - 집에서 혼자서 즐기는 게임이 더 인기 - 캐릭터나 스토리가 중요하다. - RPG (롤플레잉), SIM (시뮬레이션) 게임

2과

あいさつ

인사

いってきます。

ごはん
밥

いって(い)らっしゃい。

나갈 때

いただきます。

あさ
아침

あいさつ

おはよう。

ありがとうございます。

감사

사과

すみません。

こんにちは。

다녀와서

ただいま。

ひる
낮

おかえり。

よる
밤

こんばんは。

잘 때

おやすみ。

일상회화

이 과에 나오는 일상회화 표현은 실제로 일본에서 자주 사용하고 들을 수 있는 표현들이에요. 이러한 표현들은 문법을 생각하지 말고 자주 사용하면 일본인들을 만나도 자연스럽게 말할 수가 있죠.

🌸 인사표현

아침

おはよう(ございます)。
안녕(하세요)?

낮

こんにちは。
안녕(하세요)?

저녁

こんばんは。
안녕(하세요)?

🌸 자기 전이나 헤어질 때

おやすみ(なさい)。
잘 자! (안녕히 주무세요)

じゃあね。
그럼, 또 보자!

バイバイ
안녕! (잘 가)

では、またあした。
그럼, 내일 또 뵐게요.

さようなら(さよなら)。
안녕히 가세요.

🌸 외출하거나 귀가할 때

いってきます。
갔다 올게요 (오겠습니다).

いって(い)らっしゃい。
다녀 오세요.

ただいま。
다녀 왔습니다.

おかえり(なさい)。
어서 오세요.

🌸 감사표현

どうもありがとうございます。
대단히 감사합니다 (고맙습니다).

どうもありがとうございました。
대단히 고마웠습니다.

いいえ、どういたしまして。
아니요, 괜찮아요 (천만에요).

🌸 상대방을 기다리게 할 때

ちょっとまって(ね)。
잠깐만 기다려.

ちょっとまってください。
잠깐만 기다려 주세요.

しょうしょうおまちください。
잠깐만 기다려 주십시오.
(존경의 의뢰)

🌸 사과표현

ごめん(ね)。
미안해.

ごめんなさい。
미안해요(합니다).

すみません。
미안해요(합니다).

🌸 식사할 때

いただきます。
잘 먹겠습니다.

ごちそうさまでした。
잘 먹었습니다.

もうすこし、どうぞ。
좀더, 드세요 (드십시오).

いいえ、もうけっこうです。
아니요, 이젠 됐어요 (됐습니다).

🌸 방문할 때

しつれいします。
しつれいいたします。 (겸손 표현)
실례합니다 (하겠습니다).

🌸 수고표현

おつかれさま(でした)。
수고했다 (하셨습니다).

🌸 축하표현

おたんじょうび、
おめでとう(ございます)。
생일 축하해 (합니다).

1. じゅぎょう(授業)をはじめます。

   수업을 시작하겠습니다.

2. きょうかしょ(教科書)の〜ページをひら(開)いてください。

   교과서 ~쪽을 펴 주세요.

3. きょうかしょ(教科書)をと(閉)じてください。

   교과서를 덮어 주세요.

4. わかりますか。

   알겠습니까 (알겠어요)?

   はい、わかります。

   네, 알겠습니다.

   いいえ、わかりません。

   아니요, 모르겠습니다 (모르겠어요).

5. なに(何)かしつもん(質問)はありますか。

   뭔가, 질문 있습니까 (질문 있어요)?

   せんせい(先生)、しつもん(質問)があります。

   선생님, 질문 있습니다.

6. みなさん、しず(静)かにしてください。

   여러분, 조용히 해 주세요.

7. あとについてよ(読)んでください。

   따라서 읽어 주세요.

   おおきなこえ(声)でよ(読)んでください。

   큰 소리로 읽어 주세요.

8. こた(答)えは〜です。

   (정)답은 ~입니다.

9. もういちど(一度)。

   한번 더.

10. きょう(今日)のじゅぎょう(授業)はここまで。

    오늘 수업은 여기까지 (할께요).

1. 다음 알맞은 것끼리 연결하여 서로 인사해 봅시다.

1) おはようございます　・
2) こんにちは　・
3) こんばんは　・
4) おやすみなさい　・
5) いってきます　・
6) いって(い)らっしゃい　・
7) さよなら　・
8) ただいま　・

・　いってきます
・　おやすみ
・　おかえりなさい
・　こんにちは
・　いって(い)らっしゃい
・　おはよう
・　じゃあね
・　こんばんは

2. 다음 장면에 맞는 A, B에 대한 인사말을 써 넣으시오.

1) 학교에 가기위해 집을 나섰을 때, 동네 아저씨를 만났다. 이때 하는 인사말은?

A(おじさん) : おはよう

B(わたし) : _____

2) 학교에 도착하여 수업을 시작하기 전 선생님과의 인사말은?

A(わたし) : _____

B(せんせい) : おはよう

3) 학교 수업이 끝나고 집에 가는 도중 친구를 만났을 때 하는 인사말은?

A(ともだち) : こんにちは

B(わたし) : _____

4) 수업이 끝나고 친구들과 헤어지면서 하는 인사말은?

A(ともだち) : じゃあね

B(わたし) : _____

5) 밤에 이웃집 아주머니를 만났을 때 하는 인사말은?

A(おばさん) : _____

B(わたし) : こんばんは

6) 잠자리에 들 때 아버지께 하는 인사말은?

A(おとうさん) : おやすみ

B(わたし) : _____

7) 학교갈 때나 외출할 때 어머니와 나누는 인사말은?

A(おかあさん) : _____

B(わたし) : いってきます

8) 학교를 마치고 집에 왔을 때 인사말은?

A(わたし) : ただいま

B(おかあさん) : _____

새로나온 단어

おじさん 아저씨	おとうさん＝ちち(父) 아버지	せんせい 선생님
おばさん 아주머니	おかあさん＝はは(母) 어머니	ともだち 친구
	わたし 나	

🔊 대화를 잘 듣고 그림을 찾아보세요.

(1) (   )　(2) (   )　(3) (   )　(4) (   )　(5) (   )

(6) (   )　(7) (   )　(8) (   )　(9) (   )　(10) (   )

(11) (   )　(12) (   )

(a)

(b)

(c)

(d)

(e)

(f)

(g)

(h)

(i)

(j)

(k)

(l)

한자	뜻	읽는방법	쓰는 순서	관련어
田	밭 전	① でん ② た	田	田畑 (たはた) 논밭 田んぼ (たんぼ) 논
火	불 화	① か ② ひ、び	火	火事 (かじ) 화재 火曜日 (かようび) 화요일
山	뫼 산	① さん、ざん ② やま	山	富士山 (ふじさん) 후지산 일본최고의 산으로 높이3776 미터로 시즈오카, 야마나시켄의 경계에 있는 산 登山 (とざん) 등산
日	날 일	① にち ② ひ	日	毎日 (まいにち) 매일 日 (ひ) 해
月	달 월	① がつ、げつ ② つき	月	正月 (しょうがつ) 신정 月曜日 (げつようび) 월요일

山

GAME 게임

게임방법

1. 4~6명씩 조를 만들고, 각 조에서는 주사위를 하나씩 준비한다.

2. 순서를 정하여, 주사위를 던지고 그에 해당하는 인사말을 일본어로 말한다.
   정확히 대답하면 던진 숫자만큼 나아갈 수 있지만, 실패할 경우 제자리에
   머무른다.

3. 가장 먼저 도착하는 학생이 승~!

게임응용

한국어를 일본어로 바꾸어 게임을 한다.

スタート 출발			잘 다녀오렴	미안	고마워
안녕(아침)			잘 먹겠습니다		다녀왔습니다
잘 가			실례합니다		잘 자
다녀오겠습니다			축하해		안녕하세요 (아침)
고맙습니다			잘 먹었습니다		안녕히 가세요
실례합니다			다녀왔습니다		잘 다녀오렴
축하합니다			어서 오세요		바이바이
안녕하세요 (낮)			안녕하세요 (저녁)		안녕히 주무세요
정말 감사합니다	천만에요	미안합니다			ゴール 도착

アニメ
애니메이션

일본의 애니메이션은 1988년 미야자키 하야오 감독의 〈이웃집 토토로〉가 일본의 여러 영화상을 휩쓸면서 예술적으로 인정받기 시작했습니다. 오늘날 일본에서 애니메이션 영화는 박스오피스 수입의 3분의 1을 차지하며 오리지날 영화장르보다 더 많이 수출되고 있습니다. 다른 나라에서 이러한 영화들을 가리킬 때 일본식 약어를 빌려 '제패니메이션' 또는 '애니메' 등으로 불릴 정도입니다. 그럼 일본 애니메이션의 인기비결은 무엇일까요?

우선 일본 만화는 스토리나 소재의 다양성, 만화 캐릭터의 개성이 뚜렷하며 그림도 상당히 개성적인 경우가 많습니다. 그리고 일본의 만화시장은 상당히 넓습니다. 일본의 한해 만화 출판량이 우리나라의 한해 전체 도서 출판량과 같다고 하니 그 규모가 어느 정도인지 짐작이 가지요?

1 이웃집 토토로
2 포켓몬스터
3 센과 치히로의 행방불명
4 벼랑 위의 포뇨
5 신세기 에반게리온

3과

はじめまして

처음 뵙겠습니다

학습목표

| 명사의 기본문형 (현재형)을 이용한 자기소개

わたしは

ぼくは

わたし
ぼく

は

どうぞよろしく。

こちらこそ、
よろしく
おねがいします。

ちゅうがくせい
です。

せんせい
です。

ちゅうがくせい
こうこうせい
せんせい
キム

です。

キム
です。

こうこうせい
です。

3課 はじめまして

あやか　はじめまして。

テミン　はじめまして。

あやか　わたしはやまだあやかです。

　　　　どうぞよろしく。

テミン　ぼくはハンテミンです。

　　　　こちらこそ、よろしくおねがいします。

あやか　テミンくんはこうこうせいですか。

テミン　いいえ、こうこうせいじゃありません。

　　　　ちゅうがくせいです。

새로나온 단어

はじめまして　처음 뵙겠습니다
わたし (私) 저, 나
(남. 여 공통으로 자기를지칭하는 말)
~は　~은/는 (조사)
キム (金) 김 (한국인 성)
やまだ (山田) 야마다 (일본인 성)
あやか　아야까 (일본인 이름)
~です　~입니다
どうぞ　아무쪼록, 부디, 어서
よろしく　잘 (부탁합니다)
ぼく　저, 나 (남자가 자기를 지칭할 때)
ハンテミン　한 태민 (한국인 이름)
こちらこそ　저야말로
おねがいします (お願いします)
부탁드립니다

くん (君) 같은 또래나 손아래 남자이름에 붙이는 말
こうこうせい (高校生) 고등학생
~ですか　~입니까? (정중한 표현의 의문문)
いいえ　아니오 (부정할 때)
~じゃありません　~이/가 아닙니다
(정중한 표현의 부정형)
ちゅうがくせい (中学生) 중학생
ぶんぽう (文法) 문법
ノート　노트, 공책
~さん　~씨, 님 (상대방의 이름 뒤에 붙이는
정중한 표현)
これ　이것
ほん (本) 책
そうです　그렇습니다. 그래요
たなか (田中) 타나까 (일본인 성)

イボラ　이 보라 (한국인 이름)
せんせい (先生) 선생님
かいしゃいん (会社員) 회사원
はらだけんいち　하라다 켄이치
(일본인 이름)
イサンホ　이 상호 (한국인 이름)
しむらけん　시무라 켄 (일본인 이름)
じこしょうかい (自己紹介)
자기소개
みなさん　여러분
こんにちは　안녕(하세요)…낮 인사
いちねんせい (1年生) 1학년
にねんせい (2年生) 2학년
さんねんせい (3年生) 3학년

🌸 명사는 어미활용이 없기 때문에 기본 문체를 알아두어야 합니다.

1　명사의 기본 문체 (1)

정중체　현재　긍정형	～です。	～입니다
의문형	～ですか。	～입니까?
부정형	～じゃ(では)ありません。	～이/가 아닙니다

例) あやかさんはちゅうがくせいです。

あやかさんはちゅうがくせいですか。

あやかさんはちゅうがくせいじゃありません。

2　～は ～です　～은/는 ～입니다

🌸 「は」가 조사로 쓰일 때는 「wa」로 발음합니다.

例) わたしはちゅうがくせいです。

これはほんです。

3　～くん ～군　　　　　　　　　　　　　호칭

🌸 호칭은 상대방의 성이나 이름 뒤에 붙이며, 자신의 성이나 이름 뒤에는 붙이지 않습니다.
일반적으로 남자 중학생에게는 「くん」을 여자 중학생에게는 「さん」을 붙입니다.

例) テミンくんはちゅうがくせいです。

あやかさんはこうこうせいじゃありません。

다음 보기와 같이 말해 볼까요?

1. あやかさんはちゅうがくせいですか。
　　　①　　　　　　②

　긍정　はい、そうです。

　부정　いいえ、ちゅうがくせいじゃありません。
　　　　　　　　　②

　　　　こうこうせいです。
　　　　　③

例)

1）　たなかさん
　　　せんせい
　　　かいしゃいん

2）　やまださん
　　　かいしゃいん
　　　せんせい

3）　イボラさん
　　　ちゅうがくせい
　　　こうこうせい

2. A：はじめまして。やまだあやかです。
　　　　　　　　　　　①

　B：はじめまして。
　　　ぼくはハンテミンです。
　　　　　②

　A：どうぞよろしく。

　B：こちらこそ、よろしくおねがいします。

例)

1）　たなか
　　　わたしは金
　　　　　　　キム

2）　はらだけんいち
　　　わたしはイボラ

3）　イサンホ
　　　ぼくはしむらけん

다음 밑줄 친 곳에 자기 이름과 학년을 넣어 자기 자신을 친구들에게 소개해 봅시다.

自己紹介 じこしょうかい 자기소개

みなさん、こんにちは。

ぼくは<u>ハンテミン</u>です。(남학생인 경우)

わたしは<u>イボラ</u>です。(여학생인 경우)

ちゅうがく(中学)<u>にねんせい(２年生)</u>です。

どうぞよろしくおねがいします。

🌸 일 학년은 いちねんせい, 이 학년은 にねんせい, 삼 학년은 さんねんせいら고 합니다.

1. 다음을 일본말로 써보세요.

1) 처음 뵙겠습니다.　は□め□し□。

2) 잘 부탁 드립니다.　□う□　よろ□くおね□いしま□。

3) 이쪽이야말로　こ□ら□そ。

4) 중학생입니다.　ち□う□く□いです。

5) 고등학생이 아닙니다.　□う□うせいじ□あり□せん。

2. 한국말로 써보세요.

1) どうぞ、よろしくおねがいします。→

2) こうこうせいです。→

3) はじめまして。→

4) ちゅうがくせいじゃありません。→

5) はい、そうです。→

3. 맞는 단어끼리 짝지어보세요.

| (1) 선생님 | (2) 회사원 | (3) 중학생 | (4) 고등학생 |

| かいしゃいん | ちゅうがくせい | こうこうせい | せんせい |

1. 자기소개를 듣고 알맞은 단어를 보기에서 찾아보세요.

(①   )

(②   ) は (③   ) です。

(④   ) です。

どうぞよろしく。

> **보기**
>
> ① a.こんにちは   b.こんばんは   c.はじめまして   d.おはよう
> ② a.わたし   b.せんせい   c.みなさん   d.ぼく
> ③ a.はらだけんいち   b.ハンテミン   c.やまだあやか   d.イボラ
> ④ a.ちゅうがくせい   b.こうこうせい   c.かいしゃいん   d.せんせい

2. 대화를 잘 듣고 누구인지 찾아보세요.

(1) (   )   (2) (   )   (3) (   )   (4) (   )

(a)    やまだあやか
ちゅうがくせい

(b)    はらだ
こうこうせい

(c) たなか
せんせい

(d)    やまだ
かいしゃいん

한자	뜻	읽는방법	쓰는 순서	관련어
村	마을 촌	① そん ② むら	村	農村 (のうそん) 농촌 村 (むら) 마을
早	이를 조	① そう ② はやい	早	早退 (そうたい) 조퇴 早い (はやい) 이르다
木	나무 목	① ぼく、もく ② き	木	木材 (もくざい) 목재 並木 (なみき) 가로수
一	한 일	① いち ② ひと、ひとつ	一	一台 (いちだい) 한 대 (자동차 등을 셀 때) 一つ (ひとつ) 하나, 한 개
二	두 이	① に ② ふた、ふたつ	二	二時間 (にじかん) 두시간 二つ (ふたつ) 두 개

村

게임방법

1. 반 전체를 4개의 조로 나누고, 선생님은 3, 4조에게만 다양한 이름을 한 장씩 나눠준다.

   (예: 배트맨, 탐 크루즈, 장동건, 김희선, 짱구, **ケロロ**, **きむら たくや**…)

   이름을 받은 학생들은 차례대로 다음과 같이 한 사람씩 자기소개를 한다.

자기소개	はじめまして。 ぼくは (이름)です。 どうぞ よろしく。

2. 1, 2 조 학생들은 3, 4조 친구들의 자기소개를 듣고 이름을 외워둔다.

   자기소개가 끝나면 1조, 2조 교대로 한 명씩 이름을 외운 친구에게 다가가 질문한다.

친구찾기	(친구 이름) さんですか。

   이 때 같은 조의 학생들끼리는 상의할 수 없고 3, 4조 학생들은

   자신의 이름을 맞추면,

はい、（　　　　）です。

   라고 대답하고 자리에 앉고,

   맞추지 못하면,

いいえ、（　　　　）じゃありません。

   라고 대답하고, 그대로 서 있는다.

3. 친구 이름을 많이 맞힌 조가 승~!

   3, 4조가 대항할 경우는 1, 2조가 자기소개를 한다.

まんが
만화책

일본은 만화책 천국입니다. 어린 아이들 뿐만 아니라 중고생, 대학생 심지어는 회사원에 이르기까지 다양한 계층의 사람들이 만화책을 즐겨 읽고 있습니다. 그리고 일본의 만화책은 전세계로 수출되어 각 나라의 언어로 번역되고 있습니다.

일본은 근대화와 더불어 만화책이 유행하기 시작했지만, 당시에는 일본에서도 만화가라는 직업은 미천한 직업으로 불려졌고, 만화를 인쇄 할 때에도 질 낮은 붉은 종이에 인쇄했기 때문에 만화책을 '빨간 종이' 라고 부르기도 했습니다.

하지만 일본 만화계의 신이라 불리는 '데즈카 오사무' 라는 작가가 나타나면서 일본의 애니와 만화계는 엄청난 발전을 합니다.

서점에 쌓여있는
만화책들

데즈카 오사무의
철완 아톰

슬램덩크의 명대사
"왼손은 거들 뿐"

4과 それは日本語のCDです。

그것은 일본어 CD입니다

학습목표

▌ 사물(물건)의 위치를 가리킬 때 사용하는 これ(이것), それ(그것), あれ(저것) 등의 지시어의 활용

▌ 사람의 이름을 물을 때 사용하는 だれ(누구), どなた(어느 분)의 인칭대명사 학습

なんですか。

ほんです。

| これ それ あれ | は | ほん くつ CD | です。 |

くつです。

きいてみましょう。

だれですか。

| わたし あね せんせい | です。 |

わたしです。

CDです。

しょくどう
です。

どこですか。

ここ
そこ
あそこ

は

がっこう
ほんや
しょくどう

です。

せんせいです。

ほんやです。

がっこうです。

4課 それは日本語のＣＤです。

テミン　あやかさん、これは何ですか。

あやか　それですか。それは日本語のＣＤです。

テミン　誰のＣＤですか。

あやか　私のです。

テミン　このＣＤもあやかさんのですか。

あやか　いいえ、それは姉のです。

새로나온 단어

なん (何) 무엇, 뭐 (물건을
대상으로 질문할 때)
にほんご (日本語) 일본어
CD CD
～の ～의, ～의 것 (조사)
だれ (誰) 누구 (사람을 대상으로
질문할 때)

この　이 (연체사)
～も　～도 (조사)
あね (姉) 언니, 누나
かばん 가방
がっこう (学校) 학교
ともだち (友だち) 친구
くつ 구두, 신
おんがく(音楽) 음악

えいご (英語) 영어
しんぶん (新聞) 신문
ざっし (雑誌) 잡지
きょうしつ (教室) 교실
いえ (家) 집
いりぐち(入口) 입구
ビル　빌딩 (ビルディング의 준말)
びょういん (病院) 병원

1 지시 대명사 / 연체사

これ	それ	あれ	どれ	이것	그것	저것	어느 것	사물
ここ	そこ	あそこ	どこ	이곳/여기	그곳/거기	저곳/저기	어느 곳/어디	장소
こちら	そちら	あちら	どちら	이쪽	그쪽	저쪽	어느쪽	방향
この	その	あの	どの	이	그	저	어느	명사수식

例) これはかばんです。

それは何ですか。

ここはわたしの学校です。

2 명사 の 명사 ~의(소유) 〔조사〕

🌸 일본어에서는 명사가 명사를 수식할 때는 「の」가 들어갑니다. 「の」가 소유의 의미를 나타낼 때는 「~의」로 해석하지만, 해석을 안 하는 경우도 있습니다.

例) これはだれのCDですか。

あやかさんは私の友だちです。

それは日本語のCDです。

3 ~の ~의 것 〔준체 조사〕

🌸 「の」가 앞의 명사를 가르킬 때는 우리말의 「~의 것」으로 해석합니다.

例) この本はテミンくんのですか。

いいえ、それは姉のです。

4 ~も ~도 〔조사〕

例) このかばんも先生のですか。

ぼくもあやかさんも中学生です。

다음 보기와 같이 말해 볼까요?

1. あやかさん、これは何_{なん}ですか。

それは<u>私_{わたし}のかばん</u>です。
①

例_{れい})

1) 友_{とも}だちの本_{ほん}　　2) 先生_{せんせい}のくつ　　3) 姉_{あね}のＣＤ

2. この音楽_{おんがく}のＣＤは誰_{だれ}のですか。
①

私_{わたし}のです。
②

例_{れい})

1) 日本語_{にほんご}の本_{ほん}　　2) 英語_{えいご}の新聞_{しんぶん}　　3) 音楽_{おんがく}の雑誌_{ざっし}

　　友_{とも}だち　　　　　　　先生_{せんせい}　　　　　　　　姉_{あね}

3. <u>ここ</u>はどこですか。
①

<u>ここ</u>は<u>私_{わたし}の学校_{がっこう}</u>です。
②　　③

例_{れい})

1)　　そこ　　　　2)　あそこ　　　3)　　ここ

　　ここ　　　　　　　あそこ　　　　　　ここ

ぼくの教室_{きょうしつ}　　デパート　　　私_{わたし}の家_{いえ}

다음 밑줄 친 곳에 보기에 있는 단어를 넣어 말해 봅시다.

あやか　テミン君、ここは私の学校です。

テミン　あ、そうですか。

　　　　<u>あやかさんの教室</u>はどこですか。
　　　　　　　　　　①

あやか　あそこです。

　　　　入口の<u>左側</u>です。
　　　　　　　　②

テミン　あのビルは何ですか。

あやか　あれは<u>病院</u>です。
　　　　　　　　③

보 기

① 職員室 교무실　　食堂 식당　　講堂 강당

② 右側 오른쪽　　横 옆　　左側 왼쪽

③ デパート 백화점　　本屋 서점　　市役所 시청

다음을 일본말로 써보세요.

1) 이것은 누구의 CD입니까?　（だれのCD）

　　→ _____ 。

2) 이것은 저의 일본어 CD입니다.　（にほんごのCD）

　　→ _____ 。

3) 그것은 친구의 책입니다.　（ともだちのほん）

　　→ _____ 。

4) 저것은 선생님의 구두입니다.　（せんせいのくつ）

　　→ _____ 。

5) 이 일본어 책은 친구 것입니다.　（にほんごのほん）

　　→ この _____ 。

6) 그 영어신문은 선생님 것입니다.　（えいごのしんぶん）

　　→ _____ 。

7) 저 음악잡지는 누나 것입니다.　（おんがくのざっし）

　　→ _____ 。

8) 여기는 나의 학교입니다.　（わたしのがっこう）

　　→ ここは _____ 。

9) 거기는 나의 교실입니다.　（わたしのきょうしつ）

　　→ _____ 。

10) 저기는 백화점입니다.　（デパート）

　　→ _____ 。

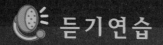

1. 잘 듣고 ( )안에 들어가는 말을 ひらがな로 쓰세요.

テミン　　それは何ですか。

あやか　　(① 　　　　　　　) は本です。

テミン　　誰の本ですか。

あやか　　田中先生 (② 　　　　　　　) です。

テミン　　あれも田中先生の本ですか。

あやか　　いいえ、(③ 　　　　　　) は田中先生 (④ 　　　　　　) ありません。

　　　　　私 (⑤ 　　　　　　) です。

2. 대화를 잘 듣고 그림을 선으로 연결하세요.

(1) あやか　　(2) 田中先生　　(3) 山田　　(4) 原田

  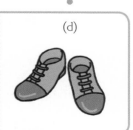

(a)　　(b)　　(c)　　(d)

한자	뜻	읽는방법	쓰는 순서	관련어
三	석 삼	① さん ② みっ、みっつ	三	三角 (さんかく) 삼각 三日 (みっか) 삼일
口	입 구	① こう ② くち	口	人口 (じんこう) 인구 口 (くち) 입
貝	조개 패	① かい	貝	貝 (かい) 조개 貝がら (かいがら) 조개껍질
夕	저녁 석	① せき ② ゆう	夕	夕御飯 (ゆうごはん) 저녁식사 夕べ (ゆうべ) 어제저녁, 어제
土	흙 토	① ど、と ② つち	土	土曜日 (どようび) 토요일 国土 (こくど) 국토

1. 4~6명씩 조를 만든다.

2. 학생들은 둥글게 둘러 앉고, 지우개, 볼펜 등 각자의 소지품을 두 개씩 책상 위에
   꺼내고 누구의 물건인지 모르도록 한 곳으로 모은다.

3. 학생들은 모여있는 물건 중에 다른 사람의 물건을 두 개씩 가져간다.

4. 순서를 정한 뒤, 자신이 가져온 물건을 다른 친구들에게 보여주면서

> これは　だれのですか。

라고 질문을 한다.

물건의 주인은

> それは　私_{わたし}のです。　ありがとう。

라고 대답하면서 자신의 물건을 가져오고, 자신이 가져온 친구의 물건을 들고
다시 질문한다.

5. 친구의 물건을 모두 건네주고, 가장 먼저 자신의 물건을 돌려받은 학생이 승~!

학생을 지명하여 「それはだれのですか。」라고 선생님이 게임을 시작한다.

すもう
스모

일본의 씨름인 스모. 커다란 몸집의 스모 선수들이 샅바 하나만 두른 채, 혼신의 힘을 다해 힘과 기술을 겨루는 경기입니다. 두 장사가 나와 상대방을 쓰러뜨려 승패를 가른다는 기본적인 양식은 우리의 씨름과 다를 것이 없습니다. 그러나 일본의 스모에는 예로부터 전해져 내려오는 문화적 전통이 반영되어 있으며, 스모를 진행하는 사람들의

전통을 이어가는 스모 경기장

감정은 절제된 표현으로 나타납니다. 마치 종교의식이라도 치루는 것처럼.

스모는 단순히 우악스럽게 힘만을 겨루는 것이 아니라, 종교 의례적인 요소를 연출하며 엄격하게 예의 범절을 지키는 가운데, 아기자기한 요소를 볼거리로 제공하는데 그 묘미가 있습니다. 이런 묘미를 잘 엮어서 발전시켜 온 스모는 오늘날 인기 스포츠이자 '일본의 국기(国技)'로 정착되기에 이르렀습니다.

스모 선수들이 몸을 만들기 위해 먹는다고 알려진 창코 나베

경기에 앞서 치루는 의식

어린이 스모대회

5과 学校は 何時からですか。

학교는 몇 시부터입니까?

학습목표

| 시간 듣고 말하기
| 숫자, 요일 읽고 말하기

9時からです。

学校は
何時からですか。

学校は9時から
2時までです。

テスト

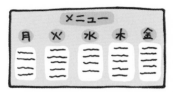

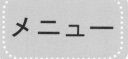

メニュー

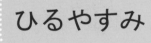

ひるやすみ

ひるごはん

うんどうかい
運動会

5課 学校は何時からですか。

テミン　あやかさんの学校は何時からですか。

あやか　朝9時からです。

　　　　朝9時から、午後2時半までです。

テミン　ひる休みは何時からですか。

あやか　１２時から１時まで、１時間です。

テミン　英語の授業は１週間に何時間ですか。

あやか　５時間です。

새로나온 단어

なんじ (何時) 몇 시
~から ~(에서) 부터
あさ (朝) 아침
じ (時) 시
じかん (時間) 시간
ごご (午後) 오후
はん (半) 반
~まで ~까지
じゅぎょう (授業) 수업

いっしゅうかん (1週間) 일주일
~に ~에 (조사)
なんじかん (何時間) 몇 시간
ひるやすみ (ひる休み) 점심시간
テスト 테스트, 시험
いま (今) 지금
えいが (映画) 영화
かいしゃ (会社) 회사
ごぜん (午前) 오전
よる (夜) 저녁, 밤

コンサート 콘서트, 연주회
ぐらい (=くらい) 쯤, 정도, 가량
(수량을 나타내는 말에 붙어서)
あした (明日) 내일
じゃ、 그럼, 그러면
なつやすみ (夏休み)
여름방학, 여름휴가
いつ 언제, 어느 때
らいしゅう (来週) 다음 주

1 숫자 읽기

0	一	二	三	四	五
ゼロ(れい)	いち	に	さん	よん	ご

六	七	八	九	十
ろく	なな(しち)	はち	きゅう(く)	じゅう

2 何時 (なんじ) 몇 시

1時 いちじ	2時 にじ	3時 さんじ	4時 よじ	5時 ごじ	6時 ろくじ
7時 しちじ	8時 はちじ	9時 くじ	10時 じゅうじ	11時 じゅういちじ	12時 じゅうにじ

3 何曜日 (なんようび) 무슨 요일, 몇 요일

月曜日 (げつようび) 월요일	火曜日 (かようび) 화요일	水曜日 (すいようび) 수요일	木曜日 (もくようび) 목요일
金曜日 (きんようび) 금요일	土曜日 (どようび) 토요일	日曜日 (にちようび) 일요일	

4 ~から ~まで ~(에서)부터 ~까지 [조사]

例 (れい) ひる休 (やす) みは１２時 (じ) から１時 (じ) までです。

学校 (がっこう) のテストは月曜日 (げつようび) から木曜日 (もくようび) までです。

다음 보기와 같이 말해 볼까요?

1. 今、何時ですか。

9時半です。
①

例)

1） 4時　　　　　　2） 7時　　　　　　3） 11時半

2. 学校は何時から何時までですか。
①

朝9時から午後2時半までです。
②　　　　　　③

例)

1） 映画　　　　　　2） 会社　　　　　　3） テスト
午後4時　　　　　朝8時　　　　　午前10時
6時　　　　　夜7時　　　　　12時

3. ひる休みは何時間ですか。
①

1時間です。
②

例)

1） 映画　　　　　　2） コンサート　　　　3） テスト
2時間半ぐらい　　　3時間　　　　　4時間

다음 밑줄 친 곳에 보기에 있는 단어를 넣어 말해 봅시다.

あやか　テミン君、日本語のテストは何時からですか。

テミン　あしたの１１時からです。

　　　　あやかさん、学校のテストは何曜日から何曜日までですか。
　　　　　　　　　　　①

あやか　水曜日から金曜日までです。
　　　　　②

テミン　じゃ、夏休みはいつからですか。
　　　　　　　　③

あやか　来週の月曜日からです。
　　　　　　　　　④

보 기

① 修学旅行 수학여행　　　運動会 운동회

② 木曜日から土曜日　　　月曜日から火曜日
　　목요일부터 토요일　　　　월요일부터 화요일

③ 冬休み 겨울방학　　　試験 시험

④ 水曜日 수요일　　　金曜日 금요일

1. 들어갈 말을 보기에서 골라 써 보세요.

> **보기** 何時間 から 今 何時 まで ぐらい

1) _____、_____ですか。 (<u>지금</u>, <u>몇시</u> 입니까?)

2) 学校は何時_____ 何時_____ ですか。 (학교는 몇시 <u>부터</u> 몇시<u>까지</u> 입니까?)

3) ひる休みは _____ですか。 (점심시간은 <u>몇시간</u> 입니까?)

4) 1時間_____ です。 (1시간 <u>정도</u>입니다.)

2. 일본말로 써 보세요.

1) 9시 30분　　☐ じ　さんじゅっぷん

2) 오전 10시　☐ ぜん　じゅう ☐

3) 오후 6시　　ご☐　☐ く ☐

4) 아침 11시　あ☐　じゅう ☐ ☐ じ

5) 저녁 7시　　よ☐　し☐ じ

3. 맞는 단어끼리 연결해 보세요.

1) 겨울방학　•　　　　　　• きんようび

2) 시험　•　　　　　　　• しけん

3) 금요일　•　　　　　　• あした

4) 내일　•　　　　　　　• げつようび

5) 월요일　•　　　　　　• ふゆやすみ

듣기연습

1. 잘 듣고 몇 시인지 아래에서 찾아보세요.

(1) (　　　　　　)　　(2) (　　　　　　)　　(3) (　　　　　　)　　(4) (　　　　　　)

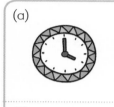

(a)　　(b)　　(c)　　(d)　　(e)

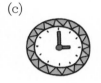

(f)　　(g)　　(h)　　(i)　　(j)

 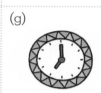 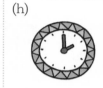 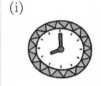

2. 대화를 잘 듣고 질문에 대답하세요.

(1) あやかさんの学校のテストはいつからいつまでですか。

　　(　　　　　　) 曜日から (　　　　　　) 曜日まで

(2) 運動会はいつですか。(　　　　　　)曜日

(3) 運動会は何時からですか。(　　　　　　)時から

(4) テミン君の日本語のテストはいつですか。(　　　　　　)曜日

(5) テミン君の日本語のテストは何時からですか。(　　　　　　)時から

(6) 日本語は１週間に何時間ですか。　(　　　　　　)時間

한자	뜻	읽는방법	쓰는 순서	관련어
休	쉴 휴	① きゅう ② やすむ	休	休憩時間 (きゅうけいじかん) 휴식시간 休み(やすみ) 휴일, 휴가
目	눈 목	① もく ② め	目	木曜日 (もくようび) 목요일 目 (め) 눈
川	내 천	① せん ② かわ	川	河川 (かせん) 하천 川 (かわ) 강
中	가운데 중	① ちゅう ② なか	中	中央 (ちゅうおう) 중앙 雨の中 (あめのなか) 빗 속
林	수풀 림	① りん ② はやし	林	森林 (しんりん) 삼림 林 (はやし) 수풀

GAME 게임

1. 4~6명씩 조를 만든다.

2. 방송 프로그램 표를 보고 선생님이 다양한 질문을 한다.

3. 발표는 각 조 학생들이 돌아가면서 한 명씩 일어서서 대답한다.

4. 가장 먼저 손을 들고, 정답을 말하는 조에게 점수를 준다.

　　1등은 3점, 2등은 2점, 3등에게는 1점. 가장 많은 점수를 받는 조가 승~!

질문 1	Q : (　　　) は 何時から 何時までですか。
	A : (　　) から (　　) までです。
질문 2	Q : (　　　) は 何時からですか。
	A : (　　) からです。
질문 3	Q : (　　　) は 何時までですか。
	A : (　　) までです。
질문 4	Q : (　　　) は 何時間ですか。
	A : (　　) 時間です。

		BM 방송	YK방송
AM	10 :00 　:30 11 :00 　:30 12 :00	ニュース 뉴스 ケロロ 케로로	てんき よほう 일기예보 にほんの うた 일본 노래
PM	:30 1:00 　:30 2:00 　:30 3:00 　:30 4:00 　:30 5:00	やきゅう 야구 にほんの ドラマ 일본 드라마 えいが 영화 サッカー 축구	コナン 코난 かんこくの ドラマ 한국 드라마 ドラえもん 도라에몽 ニュース 4 뉴스4

かぶき
가부키

가부키는 일본 전통 무대예술 중 하나입니다.

가부키라는 말은 원래 '가부쿠(かぶく)' 즉 '평평하지 않고 한쪽으로 기울다'라는 동사에서 유래했습니다. 또한 가부쿠란 '눈에 뜨이게 특이한 모습을 한다' '우스꽝스럽게 한다' '멋대로 행동한다' 등의 의미도 지니고 있습니다. 바꾸어 말하자면 모든 정상적인 궤도로부터 벗어난 행동을 가리키는 것이지요.

가부키가 생겨났을 때 주로 대중들의 꿈이나 감성 등을 직설적으로 표현했기 때문에 빠른 속도로 일반 서민들에게 전파되어 갔습니다. 그 후로도 여러 우여곡절을 이겨내며 면면히 계승되어 온 이 고전연극은 오늘날에도 여전히 많은 사람들에게 즐거움과 감동을 주는 매력을 지니고 있습니다.

가부키는 형식을 갖춘 움직임과 화려한 의상, 광대한 스케일의 회전무대, 배우들의 무서운 화장 그리고 여자역을 하는 남자 배우 등이 가장 특징이라고 할 수 있습니다.

가부키 전용 극장의 모습

ご家族は 何人ですか。

가족은 몇 명입니까?

6과

학습목표

| 가족 관계 말하기
| 나이, 사람 숫자,
직업 말하기

お祖父さん
じい
祖父
そふ

お祖母さん
ばあ
祖母
そぼ

私
わたし
（僕）
ぼく

お父さん
とう
父
ちち

お母さん
かあ
母
はは

お<ruby>姉<rt>ねえ</rt></ruby>さん
<ruby>姉<rt>あね</rt></ruby>

お<ruby>兄<rt>にい</rt></ruby>さん
<ruby>兄<rt>あに</rt></ruby>

<ruby>私<rt>わたし</rt></ruby>の<ruby>家族<rt>かぞく</rt></ruby>は
<ruby>9人<rt>きゅうにん</rt></ruby>です。

<ruby>妹<rt>いもうと</rt></ruby>さん
<ruby>妹<rt>いもうと</rt></ruby>

<ruby>弟<rt>おとうと</rt></ruby>さん
<ruby>弟<rt>おとうと</rt></ruby>

6課 ご家族は何人ですか。

田中先生 テミン君のご家族は何人ですか。

テミン 4人です。

父と母、そして妹とぼくです。

田中先生 ご両親はおいくつですか。

テミン 父は46歳で、母は42歳です。

先生、お子さんは何人ですか。

田中先生 2人です。

テミン君のお父さんは会社員ですか。

テミン いいえ、会社員じゃありません。

高校の先生です。

새로나온 단어

(ご) かぞく (家族) 가족
なんにん (何人) 몇 사람, 몇 명
よにん (4人) 네 명, 네 사람
ちち (父) 아버지
~と ~와/과 (조사)
はは (母) 어머니
そして 그리고 (접속사)
いもうと (妹) 여동생
(ご) りょうしん (両親) 양친, 부모님
(お) いくつ 몇 살
よんじゅうろくさい (46歳) 46세
よんじゅうにさい (42歳) 42세
~さい(歳) ~세 (나이)

~で ~이고 (조사)
おこさん (お子さん) 자녀 (분)
ふたり (2人) 두 명, 두 사람
おとうさん (お父さん) 아버지
こうこう (高校) 고등학교
しょうがくせい (小学生) 초등학생
(ご) きょうだい (兄弟) 형제 (분)
クラス 클래스, 학급, 반
せいと (生徒) (중. 고등학교) 학생
<참고> 초등학교 학생은 じどう(児童 아동)
이라고 한다.
おかあさん (お母さん) 어머니
よんじゅっさい (40歳) 40세
よんじゅうごさい (45歳) 45세

じゅうはっさい (18歳) 18세
じゅうにさい (12歳) 12세
だいがくせい (大学生) 대학생
しゅふ (主婦) 주부
おとうと (弟) 남동생
ろくにん (六人) 여섯 명, 여섯 사람
そぼ (祖母) 할머니
それから 그 다음에, 그리고 (접속사)
ごにん (五人) 다섯 명, 다섯 사람
おじいさん (お祖父さん) 할아버지
おばあさん (お祖母さん) 할머니
おにいさん (お兄さん) 형, 오빠
おねえさん (お姉さん) 누나, 언니

1 <ruby>何人<rt>なんにん</rt></ruby> 몇 명

一人	二人	三人	四人	五人
ひとり	ふたり	さんにん	よにん	ごにん
六人	七人	八人	九人	十人
ろくにん	ななにん （しちにん）	はちにん	きゅうにん （くにん）	じゅうにん

🌸 11명 이상은 「じゅういちにん」, 「じゅうににん」, … 「じゅうよにん」 으로 읽습니다.

2 <ruby>何歳<rt>なんさい</rt></ruby> 몇 살

1歳	2歳	3歳	4歳	5歳
いっさい	にさい	さんさい	よんさい	ごさい
6歳	7歳	8歳	9歳	十歳
ろくさい	ななさい	はっさい	きゅうさい	じ(ゅ)っさい

🌸 스무 살은 はたち (２０歳) 라고 발음합니다.

3 정중 접두어 お、ご

例）テミン<ruby>君<rt>くん</rt></ruby>の<ruby>お父<rt>とう</rt></ruby>さんは<ruby>会社員<rt>かいしゃいん</rt></ruby>です。
　　<ruby>先生<rt>せんせい</rt></ruby>、<ruby>お子<rt>こ</rt></ruby>さんは<ruby>何人<rt>なんにん</rt></ruby>ですか。
　　あやかさんの<ruby>ご家族<rt>かぞく</rt></ruby>は<ruby>五人<rt>ごにん</rt></ruby>です。

4 ～は ～で、 ～は ～です ～은/는 ～이고, ～은/는 ～입니다.

例）<ruby>父<rt>ちち</rt></ruby>は４６<ruby>歳<rt>さい</rt></ruby>で、<ruby>母<rt>はは</rt></ruby>は４２<ruby>歳<rt>さい</rt></ruby>です。
　　ぼくは<ruby>中学生<rt>ちゅうがくせい</rt></ruby>で、<ruby>妹<rt>いもうと</rt></ruby>は<ruby>小学生<rt>しょうがくせい</rt></ruby>です。

다음 보기와 같이 말해 볼까요?

1. あやかさんのご家族(かぞく)は何人(なんにん)ですか。
①
5人(ごにん)です。
②

例(れい))

1） お子さん

2） あやかさんのご兄弟(きょうだい)

3） クラスの生徒(せいと)

2人

3人

３０人

2. お母(かあ)さんはおいくつですか。
①
母(はは)は４０歳(よんじゅっさい)です。
②　　③

例(れい))

1） お父(とう)さん
父(ちち)
４５歳(さい)

2） お兄(にい)さん
兄(あに)
１８歳(さい)

3） 妹(いもうと) さん
妹(いもうと)
１２歳(さい)

3. 父(ちち)は４６歳(よんじゅうろくさい)で、母(はは)は４２歳(よんじゅうにさい)です。
①　　　　　　　　　　②

例(れい))

1） 父(ちち)は会社員(かいしゃいん)
母(はは)は主婦(しゅふ)

2） ぼくは中学生(ちゅうがくせい)
姉(あね)は高校生(こうこうせい)

3） 私(わたし) は大学生(だいがくせい)
弟(おとうと) は小学生(しょうがくせい)

회화연습

🌸 가족의 호칭

빨강 글씨: 자기 집에서 자기 가족을, 또는 상대방의 가족을 호칭할 때
검정 글씨: 자기 가족을 상대방에게 말할 때

お<ruby>祖父<rt>じ い</rt></ruby>さん
<ruby>祖父<rt>そ ふ</rt></ruby>

お<ruby>祖母<rt>ば あ</rt></ruby>さん
<ruby>祖母<rt>そ ぼ</rt></ruby>

お<ruby>父<rt>とう</rt></ruby>さん
<ruby>父<rt>ちち</rt></ruby>

お<ruby>母<rt>かあ</rt></ruby>さん
<ruby>母<rt>はは</rt></ruby>

お<ruby>兄<rt>にい</rt></ruby>さん
<ruby>兄<rt>あに</rt></ruby>

お<ruby>姉<rt>ねえ</rt></ruby>さん
<ruby>姉<rt>あね</rt></ruby>

<ruby>私<rt>わたし</rt></ruby>

이름, <ruby>弟<rt>おとうと</rt></ruby>さん
<ruby>弟<rt>おとうと</rt></ruby>

이름, <ruby>妹<rt>いもうと</rt></ruby>さん
<ruby>妹<rt>いもうと</rt></ruby>

아래와 같이 자기 가족을 일본어로 소개해 봅시다.

<ruby>私<rt>わたし</rt></ruby>の<ruby>家族<rt>か ぞく</rt></ruby>は６<ruby>人<rt>にん</rt></ruby>です。
　　　　　①

<ruby>祖父<rt>そ ふ</rt></ruby>と<ruby>父<rt>ちち</rt></ruby>と<ruby>母<rt>はは</rt></ruby>、それから<ruby>兄<rt>あに</rt></ruby>と<ruby>妹<rt>いもうと</rt></ruby>と<ruby>私<rt>わたし</rt></ruby>です。
　②　　　　　　　　　　　　②

<ruby>兄<rt>あに</rt></ruby>は<ruby>高校生<rt>こうこうせい</rt></ruby>で、<ruby>妹<rt>いもうと</rt></ruby>は<ruby>小学生<rt>しょうがくせい</rt></ruby>です。
②　　③　　　　②　　　③

보 기

① 가족 수 : [문법공부] 81페이지 **1** 참고

② 가족 호칭 (자기 가족을 남에게 이야기할 때) : [가족의 호칭] 참고

③ 초등학생　　　중학생　　　고등학생　　　대학생
　<ruby>小学生<rt>しょうがくせい</rt></ruby>　　　<ruby>中学生<rt>ちゅうがくせい</rt></ruby>　　　<ruby>高校生<rt>こうこうせい</rt></ruby>　　　<ruby>大学生<rt>だいがくせい</rt></ruby>

1. 나의 가족을 소개합니다. 밑줄 친 곳에 들어갈 말을 골라 써 보세요.

私の家族は6人です。

_____と_____と_____、
　　　할머니　　　　　　아버지　　　　　　어머니

それから_____と_____と_____です。
　　　　　오빠　　　　　　여동생　　　　　　저

_____は_____で、_____は_____です。
　오빠　　　　　고교생　　　　　여동생　　　　초등학생

2. 남의 가족을 이야기 합니다. 밑줄 친 곳에 들어갈 말을 골라 써 보세요.

あやかさんのご家族は5人です。

_____と_____、それから_____と_____と
　아버지　　　　어머니　　　　　　　　　언니　　　　　남동생

あやかさんです。

_____は_____で、_____は_____です。
　언니　　　　　고교생　　　　　남동생　　　　초등학생

3. 맞는 단어끼리 연결해 보세요.

一人	二人	三人	四人	五人	六人	七人	八人	九人	十人

さんにん	ななにん	ひとり	じゅうにん	ふたり	はちにん	ごにん	ろくにん	よにん	きゅうにん

1. 잘 듣고 ( )안에 숫자를 넣으세요.

私の家族は (①) 人です。兄弟は (②) 人で、

兄が (③) 人、妹が (④) 人です。

父は (⑤) 歳で、母は (⑥) 歳です。

兄は (⑦) で高校生です。妹は小学生で (⑧) 歳です。

2. 잘 듣고 아래 그림에서 찾아보세요.

(1) ( )　(2) ( )　(3) ( )　(4) ( )　(5) ( )

3. 대화를 잘 듣고 질문에 ○×로 답하세요.

(1) 原田君の家族はおじいさんとおばあさん、ご両親と弟さんの6人家族です。( )

(2) 原田君のおじいさんは70歳、おばあさんは 67 歳です。( )

(3) 原田君の弟さんと山田さんの弟さんは小学生です。( )

(4) 山田さんは弟さんと2人兄弟です。( )

한자	뜻	읽는방법	쓰는 순서	관련어
耳	귀 이	① じ ② みみ	耳	耳鼻咽喉科 (じびいんこうか) 이비인후과 耳 (みみ) 귀
七	일곱 칠	① しち ② なな、ななつ	七	七時 (しちじ) 일곱 시 七つ (ななつ) 일곱 개
十	열 십	① じゅう、じっ ② とお	十	十 (じゅう/とお) 십, 열 十分 (じっぷん/じゅっぷん) 10분
五	다섯 오	① ご ② いつ、いつつ	五	五人 (ごにん) 5명 五つ (いつつ) 5개
四	넉 사	① し ② よ、よっつ、 よん	四	四月 (しがつ) 4월 四人 (よにん) 4명 四日 (よっか) 4일

耳

게임방법 ※부록활용

1. 4~6명씩 조를 만든다.

2. 선생님은 각 조에게 그림카드를 나눠준다.

| おじいさん | おばあさん | お父<small>とう</small>さん | お母<small>かあ</small>さん | お姉<small>ねえ</small>さん | お兄<small>にい</small>さん |

3. 각 조에서 한 개의 호칭을 선택하게 하고, 선생님의 시작구호에 맞춰 동시에
   카드를 들면서 일제히 외친다. 같은 단어를 외친 조가 있으면 1점씩 점수를 준다.
   예) 1조 – お父さん 2조 – おばあさん 3조 – お兄さん 4조 – おばあさん
   　　5조 – おばあさん 6조 – お兄さん의 경우, 2조, 4조, 5조가 같은 호칭,
   　　3조 6조가 같은 호칭을 외쳤으므로 2, 3, 4, 5, 6조가 득점)

4. 몇 번을 반복하여 조별 점수를 주고, 점수가 가장 많은 조가 승~!

게임응용

· 조에서 외친 단어가 다른 조와 겹치지 않을 때 점수를 준다.

· 선생님과 같은 호칭을 외친 조에게 점수를 준다.

· 가족 호칭 대신에 1명~10명, 1살~10살을 사용하여 게임을 한다.

きもの
기모노

'일본'하면 제일 먼저 떠올리는 것 중 하나가 바로 기모노(きもの) 가 아닐까요? 여러분도 영화나 만화를 통해서 새하얀 화장에 화려한 머리장식, 그리고 약간은 불편해 보이는 높은 나막신 '게타(げた)'를 신고 총총 걸어가는 기모노 차림의 일본 여성의 모습을 본 적이 있지요?

일본의 전통 신발
게타

하지만 현대사회의 일본 사람들은 꼭 격식을 차려야 하는 자리가 아니면 기모노를 잘 입지 않습니다. 기모노는 입는 법을 학원에 가서 배워야 할 정도로 구조가 복잡한데다가 가격도 매우 비싸기 때문이지요.

대신에 '유카타(ゆかた)'라고 하는 여름용 전통의상을 즐겨 입습니다. 유카타는 원래 목욕 후에 입는 옷이었는데, 점점 그 무늬와 색상이 화려해져 외출할 때에도 편하게 입을 수 있는 전통의상이 되었습니다. 요즘에는 어린 아이들이나 젊은 남녀들도 좋아할 만한 디자인이 늘어나서 많은 사랑을 받고 있습니다.

미혼 여성들이 입는
기모노 [후리소데]

부인들의 정장 기모노
[도메소데]

남성용 기모노

여름에 간편하게 입을 수
있는 [유카타]

7과 お誕生日はいつですか。

생일은 언제입니까?

학습목표

| 일본의 주요행사
| 자신의 생일 말하기
| 날짜 읽고 말하기

お誕生日
（たんじょうび）

コンサート

お正月
（しょうがつ）

<ruby>子供<rt>こども</rt></ruby>の<ruby>日<rt>ひ</rt></ruby>

お<ruby>祭<rt>まつ</rt></ruby>り

<ruby>結婚式<rt>けっこんしき</rt></ruby>

<ruby>夏休<rt>なつやす</rt></ruby>み

7課 お誕生日はいつですか。

あやか　テミン君、今日、先生のお誕生日ですよ。

テミン　あ、そうですか。

　　　　先生、お誕生日おめでとうございます。

田中先生　どうもありがとう。

　　　　ところで、テミン君のお誕生日は

　　　　いつですか。

テミン　ぼくは5月5日です。

田中先生　子供の日ですね。あやかさんは？

あやか　私は9月20日です。

田中先生　あら、昨日でしたね。おめでとう。

새로나온 단어

(お) たんじょうび (誕生日) 생일, 생신
きょう (今日) 오늘
~よ ~여요, ~요 (회화체, 종조사)
あ 아~ (감탄사)
そうですか 그렇습니까
おめでとうございます 축하 합니다
どうも 정말로, 대단히, 매우, 아주
ありがとう 감사하다, 고마워
ところで 그건 그렇고, 그런데 (접속사)

こどものひ (子供の日) 어린이 날
~ね ~구나, ~군요 (종조사)
あら、 어머, 어머나 (주로 여성이 쓰는 감탄사)
きのう (昨日) 어제
~でした ~이었습니다 (정중체, 과거형)
やすみ (休み) 휴일, 휴가
けっこんしき (結婚式) 결혼식
なんがつなんにち (何月何日) 몇 월 며칠
あさって 모레
おしょうがつ (お正月) 정월, 설날

おととい 그저께
おまつり (お祭り) 축제
けいたいでんわ (携帯電話)
휴대전화, 핸드폰
でんわばんごう (電話番号)
전화번호
なんばん (何番) 몇 번
ひまわり 해바라기
アパート 아파트
~ごうしつ (号室) ~호실

문법공부

1　何月 （なんがつ） 몇 월

1月 いちがつ	2月 にがつ	3月 さんがつ	4月 しがつ	5月 ごがつ	6月 ろくがつ
7月 しちがつ	8月 はちがつ	9月 くがつ	10月 じゅうがつ	11月 じゅういちがつ	12月 じゅうにがつ

2　何日 （なんにち） 며칠

日曜日（にちようび） 일요일	月曜日（げつようび） 월요일	火曜日（かようび） 화요일	水曜日（すいようび） 수요일	木曜日（もくようび） 목요일	金曜日（きんようび） 금요일	土曜日（どようび） 토요일
	1日 ついたち	2日 ふつか	3日 みっか	4日 よっか	5日 いつか	6日 むいか
7日 なのか	8日 ようか	9日 ここのか	10日 とおか	11日 じゅういちにち	12日 じゅうににち	13日 じゅうさんにち
14日 じゅうよっか	15日 じゅうごにち	16日 じゅうろくにち	17日 じゅうしちにち	18日 じゅうはちにち	19日 じゅうくにち	20日 はつか
21日 にじゅういちにち	22日 にじゅうににち	23日 にじゅうさんにち	24日 にじゅうよっか	25日 にじゅうごにち	26日 にじゅうろくにち	27日 にじゅうしちにち
28日 にじゅうはちにち	29日 にじゅうくにち	30日 さんじゅうにち	31日 さんじゅういちにち			

3　명사의 기본 문체 (2)

정중체 과거	긍정형	～でした。	～이었습니다
	의문형	～でしたか。	～이었습니까?
	부정형	～じゃ(では)ありませんでした。	～이/가 아니었습니다

例（れい）) 昨日（きのう）は休（やす）みでした。

昨日（きのう）は休（やす）みでしたか。

昨日（きのう）は休（やす）みじゃありませんでした。

다음 보기와 같이 말해 볼까요?

1. お誕生日はいつですか。
①

3月3日です。
②

例)

1) 子供の日
5月5日

2) 結婚式
4月19日

3) コンサート
7月20日

2. 今日は何月何日ですか。
①

12月25日です。
②

例)

	2月					
日	月	火	水	木	金	土
					1	2
3	4	5	6	7	8	9
10	11	12	13	14	15	16
17	18	19	20	21	22	23
24	25	26	27	28		

1) 明日
2月24日

	8月					
日	月	火	水	木	金	土
			1	2	3	4
5	6	7	8	9	10	11
12	13	14	15	16	17	18
19	20	21	22	23	24	25
26	27	28	29	30	31	

2) あさって
8月19日

3) お正月
1月1日

3. 昨日は何曜日でしたか。
①　　②

日曜日でした。
③

例)

	9月					
日	月	火	水	木	金	土
		1	2	3	4	5
6	7	8	9	10	11	12
13	14	15	16	17	18	19
20	21	22	23	24	25	26
27	28	29	30	31		

1) おととい
何日
1日

2) お祭り
何日まで
7日まで

3) 夏休み
何日から
14日から

회화연습

1. 다음 밑줄 친 곳에 보기에 있는 단어를 넣어 말해 봅시다.

テミン　あやかさん、それは<ruby>何<rt>なん</rt></ruby>ですか。

あやか　これは<ruby>携帯電話<rt>けいたいでん わ</rt></ruby>です。

テミン　あやかさんの<ruby>電話番号<rt>でん わ ばんごう</rt></ruby>は<ruby>何番<rt>なんばん</rt></ruby>ですか。

あやか　<ruby>０８０－３２５４－１９７８<rt>ゼロはちゼロ の さん に　ご よん の いちきゅうななはち</rt></ruby>です。
　　　　　　　①

テミン<ruby>君<rt>くん</rt></ruby>の<ruby>家<rt>うち</rt></ruby>はどこですか。

テミン　ひまわりアパートの

　　　　<ruby>３０６号室<rt>さんゼロろくごうしつ</rt></ruby>です。
　　　　　②

보 기

① <ruby>０８０－５２１０－３６９５<rt>ゼロはちゼロ の　ご　に　いちゼロ の　さんろくきゅう ご</rt></ruby>

<ruby>０７０－１２３４－９８７６<rt>ゼロななゼロ の　いち に　さんよん の　きゅうはちななろく</rt></ruby>

② <ruby>１５０４号室<rt>いち ご ゼロよんごうしつ</rt></ruby>、<ruby>１０９号室<rt>いちゼロきゅうごうしつ</rt></ruby>、<ruby>２４０１号室<rt>に よんゼロいちごうしつ</rt></ruby>、<ruby>８０７号室<rt>はちゼロななごうしつ</rt></ruby>

2. 자신의 (또는 자기 집) 전화번호를 일본어로 말해 봅시다.

<ruby>私<rt>わたし</rt></ruby>(ぼく)の<ruby>電話番号<rt>でん わ ばんごう</rt></ruby>は○○○<ruby>－<rt>の</rt></ruby>○○○○<ruby>－<rt>の</rt></ruby>○○○○です。

연습문제

1. 자신의 생일과 부모님의 생일을 일본어로 말해 보세요.

1) 私の誕生日は _____です。

2) 父の誕生日は _____です。

3) 母の誕生日は _____です。

2. 다음 보기 중에서 알맞은 말을 골라 (   ) 안에 채워보세요.

> 보기   ・いつ   ・お誕生日   ・何月何日
> ・おめでとうございます   ・何番   ・どうも

1) ご両親の (   ) は　いつですか。

2) あやかさんの携帯電話は (   ) ですか。

3) お誕生日 (   ) 。

4) (   ) ありがとう。

5) 子供の日は (   ) ですか。

6) 今日は (   ) ですか。

3. 전화번호를 익혀 봅시다.

1) 자기 집 전화번호를 일본어로 말해보세요.

私(ぼく)の電話番号は○○の○○○○の○○○○です。

2) 다음의 전화번호를 일본어로 적어보세요.

019-1234-5678

(の   の   )

3) 다음의 전화번호를 숫자로 나타내보세요.

ゼロろくゼロのごななきゅういちのさんはちによん

(－   －   )

듣기연습

1. 대화를 잘 듣고 날짜를 써 보세요.

(1) ( )月 ( )日　　(2) ( )月 ( )日　　(3) ( )月 ( )日

(4) ( )月 ( )日　　(5) ( )月 ( )日　　(6) ( )月 ( )日

2. 잘 듣고 질문에 맞는 날짜를 색칠하세요.

(1)

4月						
日	月	火	水	木	金	土
	1	2	3	4	5	6
7	8	9	10	11	12	13
14	15	16	17	18	19	20
21	22	23	24	25	26	27
28	29	30				

(2)

8月						
日	月	火	水	木	金	土
			1	2	3	4
5	6	7	8	9	10	11
12	13	14	15	16	17	18
19	20	21	22	23	24	25
26	27	28	29	30	31	

(3)

11月						
日	月	火	水	木	金	土
						1
2	3	4	5	6	7	8
9	10	11	12	13	14	15
16	17	18	19	20	21	22
23	24	25	26	27	28	29

(4)

2月						
日	月	火	水	木	金	土
					1	2
3	4	5	6	7	8	9
10	11	12	13	14	15	16
17	18	19	20	21	22	23
24	25	26	27	28		

(5)

5月						
日	月	火	水	木	金	土
1	2	3	4	5	6	7
8	9	10	11	12	13	14
15	16	17	18	19	20	21
22	23	24	25	26	27	28
29	30	31				

(6)

9月						
日	月	火	水	木	金	土
		1	2	3	4	5
6	7	8	9	10	11	12
13	14	15	16	17	18	19
20	21	22	23	24	25	26
27	28	29	30	31		

3. 대화를 잘 듣고 누구의 전화번호인지 선으로 연결하세요.

(1) テミン

(2) あやか

(3) 田中先生 (た なか せんせい)

(4) 原田 (はら だ)

(a) 010-3579-4690　(b) 011-8679-1023　(c) 011-9158-0562　(d) 010-4902-1104

한자	뜻	읽는방법	쓰는 순서	관련어
六	여섯 육	① ろく ② む、むっ、むっつ	六	六人 (ろくにん) 6명 六歳 (ろくさい) 6살
八	여덟 팔	① はち ② やっつ、よう	八	八月 (はちがつ) 8월 八日 (ようか) 8일
九	아홉 구	① きゅう、く ② ここのか	九	九月 (くがつ) 9월 九つ (ここのつ) 아홉개
上	위 상	① じょう ② うえ	上	屋上 (おくじょう) 옥상 つくえの上 (うえ) 책상 위
草	풀 초	① そう ② くさ	草	雑草 (ざっそう) 잡초 草 (くさ) 풀

草

GAME 게임

게임방법

1. 4명~6명으로 조를 만든다.

2. 각 조의 책상 위에는 날짜(숫자1~31)카드를 흩어 둔다.

3. 문장을 정확하게 듣고 질문에 해당하는 날짜의 숫자카드를 찾아 재빨리 집고
   선생님과 확인한다.

4. 정확하게 가장 많이 잡는 학생이 승~!

게임응용

· 숫자카드를 칠판에 부착하여 조별 대표 학생이 나와서 카드를 집도록 한다.

· 요일 카드를 추가해서 게임을 한다.

			5 MAY			
日	月	火	水	木	金	土
					1	2
3	4	5	6	7	8	9
10	11	12	13	14	15	16
17	18	19	20	21	22	23
24 /31	25	26	27	28	29	30

(a) 明日は　１４日です。昨日は？	(b) 昨日は　金曜日でした。おとといは？
(c) 今日は　１５日です。あさっては？	(d) １２日は　何曜日ですか。

まつり
마츠리

'마츠리(まつり)'란 일본에서 열리는 축제를 뜻합니다.

원래는 풍작, 사업번창, 무병장수, 가내안전등을 기원하기 위해 지역 사람들이 모여 제사를 지내기 위한 것이었는데요, 현대에는 여름철 즐거운 놀이문화로 자리잡고 있습니다.

마츠리 날이 되면 유카타를 차려 입은 사람들이 모두 모여 다 함께 춤을 추거나, 연등행렬에 맞추어 퍼레이드를 하는 등 즐거운 행사가 이어집니다. 밤에는 불꽃놀이도 구경할 수 있습니다.

'일본인이라면 누구나 마츠리라는 말만 들어도 가슴이 설렌다'고 할 정도로 마츠리는 모두가 손꼽아 기다리는 행사입니다.

마츠리에서 빼어 놓을 수 없는 하나비 (불꽃놀이)

8 과

とんカツは
いくらですか。

돈까스는 얼마입니까?

いらっしゃいませ。

すみません。
メニュー
お願_{ねが}いします。

メニュー

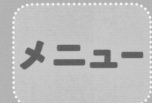

天_{てん}ぷらうどん
ろっぴゃくごじゅうえん
６５０円

ラーメン
ごひゃくえん
５００円

天_{てん}ぷらうどんは
いくらですか。

６５０円_{えん}です。

かしこまりました。

とんカツと牛丼
お願いします。

とんカツ
はっぴゃくえん
８００円

ぎゅうどん
牛丼
よんひゃくななじゅうえん
４７０円

おにぎり
きゅうじゅうえん
９０円

ざるそば
よんひゃくはちじゅうえん
４８０円

じゃ、ぼくは
とんカツにします。

とんカツは
えん
８００円です。

8課 とんカツはいくらですか。

店員 てんいん	いらっしゃいませ。
あやか	すみません。メニューお願いします。
店員 てんいん	はい、どうぞ。
テミン	天ぷらうどんはいくらですか。
あやか	６５０円です。
テミン	とんカツは？
あやか	８００円です。
テミン	じゃ、ぼくはとんカツにします。
あやか	すみません。 とんカツと牛丼、お願いします。
店員 てんいん	かしこまりました。少々お待ちください。

새로나온 단어

とんカツ 돈가스
いくら 얼마 (물건의 가격을 물어볼 때)
てんいん (店員) 점원
いらっしゃいませ
어서 오십시오, 어서오세요
すみません 여기요, 미안 합니다
メニュー 메뉴, 차림표
おねがいします (お願いします)
부탁드립니다
どうぞ 아무쪼록, 부디, 어서
てんぷらうどん (天ぷらうどん)
튀김우동
えん (円) 엔 (일본의 화폐단위)
じゃ、그럼, 그러면 (접속사)
~に ~(으)로

~します ~합니다, ~하겠습니다
ぎゅうどん (牛丼) 소고기덮밥
かしこまりました 알겠습니다, 알았습니다
しょうしょう (少々) 잠깐, 잠시, 조금, 좀
おまちください (お待ちください)
기다려 주십시오 (존경표현)
しんせいひん (新製品) 신제품
すこし (少し) 조금, 좀
たかい (高い) 비싸다, 높다
はつおん (発音) 발음
むずかしい (難しい) 어렵다
きらい (嫌い) 싫음, 싫어함
おにぎり 주먹밥, 삼각 김밥
みそラーメン 된장라면
~ください ~주세요, ~주십시오
ざるそば 메밀국수

やきそば 일본식 볶음면
うどん 우동
おちゃ (お茶) (마시는) 차
ぎゅうにゅう (牛乳) 우유
コーラ 콜라
サイダー 사이다
あかいろ (赤色) 적색, 빨강
あおいろ (青色) 청색, 푸른색
ぼうし (帽子) 모자
シャツ 와이셔츠
かばん 가방
ネクタイ 넥타이
スカート 스커트, 치마
ズボン 바지
コート 코트, 외투

1 숫자 읽기

ひとつ 하나	ふたつ 둘
みっつ 셋	よっつ 넷
いつつ 다섯	むっつ 여섯
ななつ 일곱	やっつ 여덟
ここのつ 아홉	とお 열

なんじゅう 何十	なんびゃく 何百	なんぜん 何千	なんまん 何万

십 단위		백 단위		천 단위		만 단위	
10 十	じゅう	100 百	ひゃく	1,000 千	せん	10,000 一万	いち まん
20 二十	に じゅう	200 二百	に ひゃく	2,000 二千	に せん	20,000 二万	に まん
30 三十	さん じゅう	300 三百	さん びゃく	3,000 三千	さん ぜん	30,000 三万	さん まん
40 四十	よん じゅう	400 四百	よん ひゃく	4,000 四千	よん せん	40,000 四万	よん まん
50 五十	ご じゅう	500 五百	ご ひゃく	5,000 五千	ご せん	50,000 五万	ご まん
60 六十	ろく じゅう	600 六百	ろっ ぴゃく	6,000 六千	ろく せん	60,000 六万	ろく まん
70 七十	なな じゅう	700 七百	なな ひゃく	7,000 七千	なな せん	70,000 七万	なな まん
80 八十	はち じゅう	800 八百	はっ ぴゃく	8,000 八千	はっ せん	80,000 八万	はち まん
90 九十	きゅう じゅう	900 九百	きゅう ひゃく	9,000 九千	きゅう せん	90,000 九万	きゅう まん

2 ~お願いします (ください)　~주세요

例) すみません。メニューお願いします(ください)。

　　天ぷらうどん一つと牛丼三つ、お願いします(ください)。

3 ~にします　~로 하겠습니다

例) ぼくはとんカツにします。

　　あやかさんはうどんにしますか、ラーメンにしますか。

4 ~と　~와/과　　　　　　　　　　　조사

例) すみません。とんカツと牛丼、お願いします。

　　テミン君とあやかさんは中学生です。

5 ~ので　~(이기)때문에, ~이어서, ~니까 (원인, 이유)　　조사

例) 新製品なので、少し高いです。

　　英語は発音が難しいので、嫌いです。

다음 보기와 같이 말해 볼까요?

1. とんカツはいくらですか。
①

ろっぴゃくごじゅうえん
６５０円です。
②

例)

1） 牛丼（ぎゅうどん）
よんひゃくななじゅうえん
４７０円

2） おにぎり
きゅうじゅうえん
９０円

3） みそラーメン
ごひゃくはちじゅうえん
５８０円

2. すみません。天（てん）ぷらうどんと牛丼（ぎゅうどん）、お願（ねが）いします（ください）。
　　　　　　　　　　①　　　　　　　②

かしこまりました。少々（しょうしょう）お待（ま）ちください。

例)

1） ざるそば
　　やきそば

2） ラーメン
　　おにぎり二（ふた）つ

3） とんカツ一（ひと）つ
　　牛丼三（ぎゅうどんみっ）つ

3. あやかさんはうどんにしますか、ラーメンにしますか。
　　　　　　　　①　　　　　　　　②

私（わたし）はうどんにします。
　　③

例)

1） お茶（ちゃ）
　　牛乳（ぎゅうにゅう）
　　牛乳（ぎゅうにゅう）

2） コーラ
　　サイダー
　　コーラ

3） 赤色（あかいろ）
　　青色（あおいろ）
　　赤色（あかいろ）

다음 밑줄 친 곳에 보기에 있는 단어를 넣어 말해 봅시다.

店員(てんいん)　いらっしゃいませ。

あやか　すみません。この 帽子(ぼうし)、いくらですか。
　　　　　　　　　　①

店員(てんいん)　それは <u>１５００円</u>(せんごひゃくえん)です。
　　　　　　　②

テミン　その<u>シャツ</u>はいくらですか。
　　　　　　③

店員(てんいん)　これは <u>９８００円</u>(きゅうせんはっぴゃくえん)です。
　　　　　　　　④

テミン　高(たか)いですね。

店員(てんいん)　新製品(しんせいひん)なので、

　　　　少(すこ)し高(たか)いです。

보 기

①	かばん 가방	ネクタイ 넥타이	スカート 스커트
②	３９００円 (さんぜんきゅうひゃくえん)	１２８０円 (せんにひゃくはちじゅうえん)	２３００円 (にせんさんびゃくえん)
③	くつ 구두	コート 코트	ズボン 바지
④	１２０００円 (いちまんにせんえん)	３６０００円 (さんまんろくせんえん)	１９８００円 (いちまんきゅうせんはっぴゃくえん)

1. 이름을 찾아서 짝지어 주세요.

1) 돈까스   2) 소고기덮밥   3) 튀김우동   4) 라면   5) 주먹밥   6) 메밀국수

天ぷらうどん   とんカツ   ざるそば   おにぎり   牛丼   ラーメン

2. 끝말 잇기 문제로 빈칸에 해당 단어를 히라가나로 써 넣으세요.

bo	ku

gyu	u	nyu	u

ko	-	ra

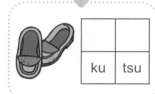

ku	tsu

 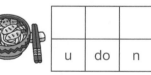

u	do	n

ra	-	me	n

3. いくらですか 얼마입니까?

かばん	ぼうし	スカート	ズボン	くつ	コート
さんぜんきゅうひゃくえん	せんごひゃくえん	にせんさんびゃくえん	いちまんきゅうせんはっぴゃくえん	いちまんにせんえん	さんまんろくせんえん
3900円	1500円	2300円	19800円	12000円	36000円

1) スカートはいくらですか　　　　　＿＿＿＿＿＿＿＿＿＿びゃくえんです。

　　　　　　　　　　　　　　　　　（　　　　　　　　　円）

2) かばんはいくらですか　　　　　＿＿＿＿＿＿＿＿＿きゅうひゃくえんです。

　　　　　　　　　　　　　　　　　（　　　　　　　　　円）

3) コートはいくらですか　　　　　＿＿＿＿＿＿＿＿＿＿＿えんです。

　　　　　　　　　　　　　　　　　（　　　　　　　　　円）

1. 대화를 잘 듣고 얼마인지 그림을 연결하세요.

1) とんカツ   2) ラーメン   3) コーラ   4) 帽子   5) かばん   6) くつ

(a) 150円   (b) 2900円   (c) 7250円   (d) 420円   (e) 960円   (f) 15800円

2. 대화를 잘 듣고 질문에 대답하세요.

1) みそラーメン 한 그릇, 牛丼 한 그릇, おにぎり 한개는 각각 얼마입니까?

みそラーメン(   )円   牛丼(   )円   おにぎり一つ(   )円

2) 무엇을 주문했는지 그림을 연결하세요.

テミン   あやか

(a) みそラーメン   (b) 牛丼   (c) うどん   (d) おにぎり一つ

한자	뜻	읽는방법	쓰는 순서	관련어
字	글자 자	① じ	字	漢字 (かんじ) 한자 ローマ字 (じ) 로마자
大	큰 대	① だい、たい ② おおきい	大	大韓民国 (だいかんみんこく) 대한민국, 한국 大小 (だいしょう) 대소, 크고 작음
犬	개 견	① けん ② いぬ	犬	愛犬 (あいけん) 애견 犬 (いぬ) 개
見	볼 견	① けん ② みる、みえる	見	見学 (けんがく) 견학 意見 (いけん) 의견
白	흰 백	① しろ ② ひゃく	白	黒白 (こくびゃく) 흑백 まっ白 (まっしろ) 새 하얀

GAME 게임

숫자 카드 (0~9)

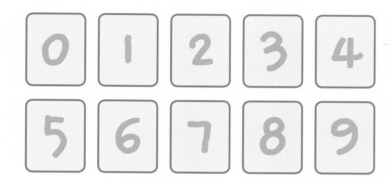

게임방법

1. 4~6명씩 조를 만들고, 0~9의 숫자카드를 책상 위에 뒤집어 섞어 둔다.

2. 학생들은 순서를 정하고, 첫번째 학생 앞에 숫자카드를 놓는다.

3. 첫 번째 학생에게 나머지 학생들은 다같이 'いくらですか' 라고 질문을 하면, 첫 번째 학생은 뒤집어 놓은 숫자 카드에서 두 장을 집어 순서대로 쥐고 ○ ○ 円 이라고 말한다.

4. 숫자를 들은 학생들은 공책에 기록하고 확인한다.

5. 순서대로 역할을 교체하고, 마지막 학생까지 반복하여 금액의 합계가 제일 큰 학생이 승~!

게임응용

숫자를 100 자리, 1000 자리로 높여서 게임을 한다.

ぶんかさい
문화제

그럼 이번에는 일본의 중학교 생활을 들여다 볼까요?

해마다 9월, 10월이 되면 각지의 중학교에서 문화제가 열립니다. 우리나라의 학예회와 비슷한 행사로 미술, 기술, 가정시간에 만든 작품을 전시하거나 클럽활동으로 연습한 악기연주, 합창 등을 발표합니다. 연극을 준비해서 공연하는 반도 있습니다.

문화제
포스터

9과 おいしくて 安いです。

맛있고 쌉니다

肉がやわらかくて
おいしいですよ。

- やわらかい
- おいしい

部屋が広くて
明るいですね。

- ひろい
- あかるい

ソウルの冬は東京の冬より
寒くて、風が強いです。

- さむい
- つよい

日本語は
難しくありません。

- むずかしい

さしすせそ

9課 おいしくて安いです。

あやか この店の焼肉はおいしくて安いですよ。

テミン 店も広くて明るいですね。

あやか 食べ物の値段もあまり高くないでしょう。

テミン そうですね。

あまり高くありませんね。

あやか 韓国の焼肉もおいしいでしょう。

テミン ええ、肉がやわらかくておいしいですよ。

あやか ところで、ソウルの冬はどうですか。

テミン 東京の冬よりずっと寒くて、風も強いです。

새로나온 단어

おいしい 맛있다	やわらかい (質기지 않아) 부드럽다	かるい (軽い) 가볍다
~くて ~고/서	ところで 그것은 그렇고, 그런데 (접속사)	まんが (漫画) 만화
やすい (安い) 싸다	ソウル 서울	きびしい (厳しい) 엄하다, 엄격하다
みせ (店) 가게,상점	ふゆ (冬) 겨울	あき (秋) 가을
やきにく (焼肉) 불고기	どうですか 어떻습니까?	せ (背) 키
ひろい (広い) 넓다	とうきょう (東京) 도쿄	すずしい (涼しい) 시원하다, 서늘하다
あかるい (明るい) 밝다, 명랑하다	~より ~보다 (조사)	すこし (少し) 조금, 좀
たべもの (食べ物) 음식, 먹을 것	ずっと 훨씬	なに (何) 무엇
ねだん (値段) 가격, 값	さむい (寒い) 춥다	かんじ (漢字) 한자
あまり (+부정의 말) 그다지, 그리	かぜ (風) 바람	でも 그러나, 그렇지만
~くありません ~지 않습니다	つよい (強い) 강하다, 세다	やさしい (易しい) (알기) 쉽다, 간단하다
~ね ~군요,~지요? (종조사)	レストラン 레스토랑, 양식점	ほしい ~하고 싶다, 갖고 싶다
かんこく (韓国) 한국	すいか 수박	フランスご (フランス語) 프랑스어, 불어
~でしょう (↗) ~이지요?, ~이죠?	メロン 메론	ちゅうごくご (中国語) 중국어
(동의, 확인)	おおきい (大きい) 크다	ロシアご (ロシア語) 러시아어
ええ、 예 (긍정, 승낙의 의미)	へや (部屋) 방	デジカメ 디지털카메라
にく (肉) 고기	まずい 맛없다	パソコン PC (개인용 컴퓨터)
~が ~이/가	せまい (狭い) 좁다	じてんしゃ (自転車) 자전거
	くらい (暗い) 어둡다	ケーキ 케이크
	ちいさい (小さい) 작다	ていしょく (定食) 정식

🌸 イ형용사는 어미 い가 어미활용을 합니다.

1 イ형용사의 기본 문체 (1)

정중체	현재	긍정형	_____です。	~ㅂ(습)니다
		의문형	_____ですか。	~ㅂ(습)니까?
		부정형	_____くありません。	~지 않습니다
			_____くないです。	
			_____くて	~고/서

例） この店の焼肉はおいしいです。

この店の焼肉はおいしいですか。

この店の焼肉はおいしくありません。

この店の焼肉はおいしくないです。

この店の焼肉はおいしくて安いです。

2 ~ね/よ　~네요, 군요, ~지요? / ~예요, 요　　　【종조사, 회화체】

🌸 종조사 「ね」는 자신의 생각이나 느낌을 상대방에게 동의를 구하거나 확인을 할 때,
「よ」는 자신의 생각이나 느낌을 상대방에게 주장하거나 전달할 때 사용합니다.

例） 店も広くて明るいですね。

あやかさんは高校生ですね。

いいえ、高校生じゃありません。中学生ですよ。

あのレストランのとんカツはおいしいですよ。

3 ~でしょう　↗ ~이지요?, ~이죠?　　【동의, 확인】
　　　　　　　　　↘ ~일 것입니다, ~이겠죠　　【추측】

例） 食べ物の値段もあまり高くないでしょう。↗

あのレストランのとんカツはあまりおいしくないでしょう。↘

4 ~より　~보다　　　【조사】

例） 東京の冬よりずっと寒くて、風も強いです。

すいかはメロンより大きいです。

다음 보기와 같이 말해 볼까요?

1. この<ruby>店<rt>みせ</rt></ruby>の<ruby>焼肉<rt>やきにく</rt></ruby>は<u>おいしくて安い</u>です。
　　　　①　　　　　　　　②

<ruby>例<rt>れい</rt></ruby>)

1) あの<ruby>店<rt>みせ</rt></ruby>の<ruby>食<rt>た</rt></ruby>べ<ruby>物<rt>もの</rt></ruby>　　2) ぼくの<ruby>部屋<rt>へや</rt></ruby>　　3) このかばん
　<ruby>高<rt>たか</rt></ruby>い｜まずい　　　　　　<ruby>狭<rt>せま</rt></ruby>い｜<ruby>暗<rt>くら</rt></ruby>い　　　<ruby>小<rt>ちい</rt></ruby>さい｜<ruby>軽<rt>かる</rt></ruby>い

2. <u>このかばん</u>はあまり<u>高くない</u>でしょう。
　　　①　　　　　　　　　②
　そうですね。あまり<u>高くありません</u>ね。
　　　　　　　　　　　　③

<ruby>例<rt>れい</rt></ruby>)

1) <ruby>東京<rt>とうきょう</rt></ruby>の<ruby>冬<rt>ふゆ</rt></ruby>　　2) このまんが　　3) <ruby>田中先生<rt>たなかせんせい</rt></ruby>
　<ruby>寒<rt>さむ</rt></ruby>い　　　　　　おもしろい　　　<ruby>厳<rt>きび</rt></ruby>しい
　<ruby>寒<rt>さむ</rt></ruby>い　　　　　　おもしろい　　　<ruby>厳<rt>きび</rt></ruby>しい

3. <ruby>韓国<rt>かんこく</rt></ruby>の<ruby>冬<rt>ふゆ</rt></ruby>は<ruby>東京<rt>とうきょう</rt></ruby>の<ruby>冬<rt>ふゆ</rt></ruby>より<ruby>寒<rt>さむ</rt></ruby>いです。
　　　①　　　　　　②　　　　　　③

<ruby>例<rt>れい</rt></ruby>)

1) <ruby>田中先生<rt>たなかせんせい</rt></ruby>　　2) すいか　　3) <ruby>秋<rt>あき</rt></ruby>
　あやかさん　　　　　メロン　　　　<ruby>夏<rt>なつ</rt></ruby>
　<ruby>背<rt>せ</rt></ruby>が<ruby>高<rt>たか</rt></ruby>い　　　　<ruby>大<rt>おお</rt></ruby>きい　　　<ruby>涼<rt>すず</rt></ruby>しい

다음 밑줄 친 곳에 보기에 있는 단어를 넣어 말해 봅시다.

田中先生（たなかせんせい）　テミン君（くん）、日本語（にほんご）はどうですか。

テミン　少（すこ）し難（むずか）しいです。

田中先生（たなかせんせい）　何（なに）が難（むずか）しいですか。

テミン　<u>漢字（かんじ）とカタカナ</u>です。
　　　　　①

　　　でも、<u>英語（えいご）</u>よりは易（やさ）しいです。
　　　　　　②

田中先生（たなかせんせい）　そうですか。

　　　ところで、テミン君（くん）は何（なに）がほしいですか。

テミン　ぼくは<u>携帯電話（けいたいでんわ）</u>がほしいです。
　　　　　　　③

보 기

① 発音（はつおん）とカタカナ	漢字（かんじ）とひらがな	漢字（かんじ）と発音（はつおん）
발음과 가타카나	한자와 히라가나	한자와 발음
② フランス語（ご）	中国語（ちゅうごくご）	ロシア語（ご）
프랑스어	중국어	러시아어
③ デジカメ	パソコン	自転車（じてんしゃ）
디지털 카메라	PC	자전거

1. 다음 그림에 맞는 단어를 보기에서 골라 써 넣으시오.

1)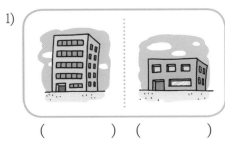

(   ) (   )

2)

(   ) (   )

3)

(   ) (   )

4)

(   ) (   )

2. 다음 문장을 완성하세요.

1) この部屋は_____。 　　　이 방은 밝습니다	2) このすしは_____。 　　　이 초밥은 맛이 없습니다
3) うちの近くに_____公園があります。 우리집 근처에 큰 공원이 있습니다	4) このしょくパンは_____おいしいです。 　　이 식빵은 싸고 맛있습니다
5) 秋は_____ですか。 가을은 시원합니까?	

3. 다음을 비교표현으로 문장이 이루어지도록 보기에서 골라 완성하세요.

1) 兄は私_____力が_____です。

2) ソウルはプサンより大きいですか。

　　ええ、大きいです。プサンはソウル_____大きくありません。

3) 夏と冬と_____が好きですか。

　　_____も好きです。

새로나온 단어		
	しょくパン (食パン) 식빵	すき (好き) 좋아하다
あります 있습니다	**すずしい** 시원하다	**ほど** 정도
(주로 물건의 존재, 소재를 나타낸다)	**ちから (力)** 힘	**よわい (弱い)** 약하다

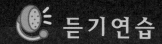

듣기연습

1. 대화를 잘 듣고 어느 쪽 그림에 대해 말하고 있는지 ○를 그리세요.

①

(a)　　　　(b)

(　　　)　　(　　　)

②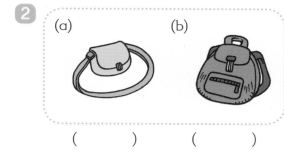

(a)　　　　(b)

(　　　)　　(　　　)

③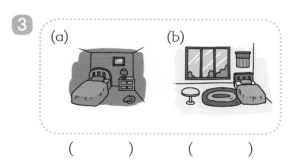

(a)　　　　(b)

(　　　)　　(　　　)

④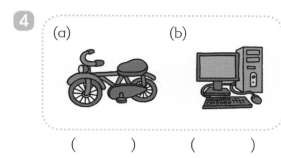

(a)　　　　(b)

(　　　)　　(　　　)

⑤

(a)　　　　(b)

(　　　)　　(　　　)

⑥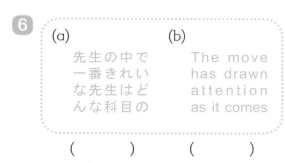

(a)　　　　(b)

先生の中で　　The move
一番きれい　　has drawn
な先生はど　　attention
んな科目の　　as it comes

(　　　)　　(　　　)

2. 잘 듣고 (　　)안에 ひらがな로 써보세요.

テミン　このすいか、(①　　　　　　)大きいですね。

あやか　ええ。

テミン　メロンよりすいかのほうが(②　　　　　　)安い(③　　　　　　)。

あやか　ええ、メロンのほうがすいか(④　　　　　)高いです。

テミン　(⑤　　　　　)、メロンのほうが(⑥　　　　　　)ですよ。

あやか　(⑦　　　　　　)。

121

한자	뜻	읽는방법	쓰는 순서	관련어
雨	비 우	① う ② あめ、あま	雨	雨期 (うき) 우기, 장마철 雨 (あめ) 비
男	사내 남	① だん、なん ② おとこ	男	男子 (だんし) 남자 男 (おとこ) 남자
子	아들 자	① し ② こ	子	女子 (じょし) 여자 子供 (こども) 어린이
女	계집 녀	① じょ、にょ、 にょう ② おんな	女	少女 (しょうじょ) 소녀 女の人 (おんなのひと) 여자
音	소리 음	① おん ② おと	音	音楽 (おんがく) 음악 小さい音 (ちいさいおと) 작은 소리

GAME 게임

준비물 ※부록활용

형용사 그림카드, 형용사 글자카드

게임방법

1. 4~6명씩 조를 만든다. 각 조에서는 그림카드를 골고루 나누어 갖고, 선생님은 글자카드를 쥔다.

2. 선생님이 형용사를 읽으면 발음을 듣고, 자신에게 그 형용사와 맞는 그림카드가 있으면 재빨리 자리에서 일어선다.

3. 자리에서 일어선 학생들은 자신의 카드를 선생님께 동시에 보여주고 정답을 확인한 후, 가장 빨리 일어선 조에게 3점, 2등은 2점, 3등에게는 1점을 준다.
   1등 조에서는 단어를 발음하고 뜻을 말한다.

4. 여러 단어를 반복하여 가장 많은 점수를 얻는 조가 승~!

あつい

게임응용

· 그림카드와 글자카드를 바꾸어 게임을 한다.
· 형용사의 반대말을 사용하여 게임을 한다.

123

うんどうかい
운동회

오늘은 운동회 날입니다. 그 동안 열심히 연습한 달리기 실력을 발휘할 때가 되었죠?

일본에서도 10월은 일년 중에서 가장 날씨가 좋은 달이기 때문에 초등학교에서 고등학교까지 운동회가 열립니다. 운동회에는 가족들이 모두 도시락을 준비해서 응원을 옵니다.

반마다 똘똘 뭉쳐서 뜨거운 응원전을 펼치는 모습도 재미있습니다. 일본은 홍팀과 백팀으로 나누어서 홍백전을 치루는 학교가 많은데요, 각 반 마다 응원 현수막을 만들거나 같은 복장으로 옷을 맞추어 입는 등 다양한 모습의 응원전도 볼거리입니다.

1등이다!

운동부 대표들의 자존심을 건 달리기 대회

불타는 응원전

10과

とても
楽しかったです。

매우 즐거웠습니다

학습목표

| イ 형용사의 기본 문형(과거형)
| イ 형용사 익히기

ディズニーランドは
どうでしたか。

とても
楽_のしかったです。

ディズニーランド

たのしい

5700円?!!

入場料（にゅうじょうりょう）がちょっと
高（たか）かったけど、
おもしろかったです。

- たかい
- おもしろい

暑（あつ）かったですか。

あつい

いいえ、
あまり暑（あつ）く
ありませんでした。

- あつくなかった
- あつくありませんでした

127

10課 とても楽しかったです。

田中先生　テミン君、ディズニーランドはどうでしたか。

テミン　　とても楽しかったです。

田中先生　人は多かったですか。

テミン　　いいえ、多くありませんでした。

田中先生　入場料はいくらでしたか。

テミン　　５７００円でした。

　　　　　ちょっと高かったけど、

　　　　　おもしろかったです。

田中先生　そうですか。よかったですね。

새로나온 단어

とても　아주, 대단히
たのしい (楽しい)　즐겁다
たのしかった (楽しかった)　즐거웠다
たのしかったです (楽しかったです)
즐거웠습니다
ディズニーランド　디즈니랜드
どうでしたか　어땠습니까?,어땠어요?
ひと (人)　사람
おおい (多い)　많다
～くなかった　～지 않았다
(イ형용사 보통체의 과거 부정형)
にゅうじょうりょう (入場料)　입장료
ちょっと　조금, 좀, 약간
～けど　~(이지)만 (접속조사)
おもしろい　재미있다, 유쾌하다
よい　좋다
よかった　좋았다

よかったですね　좋았겠군요
くらい (暗い)　어둡다
りょう (量)　양 (분량, 정도)
やさしい (優しい)　다정하다, 정답다, 상냥하다
なか (中)　안, 가운데, ~중
いちばん (一番)　(순번의) 첫 번째, 가장
スポーツ　스포츠, 운동
かんこくりょうり (韓国料理)　한국요리
しゅうがくりょこう (修学旅行)　수학여행
ちかい (近い)　가깝다
キムチ　김치
たべもの (食べ物) の りょう(量)　음식의 양
からい (辛い)　맵다
まずい　맛없다
さとう (佐藤)　사토우(일본인 성)
～んです　~ㅂ니다(です의 회화체)
けしき (景色)　경치

うつくしい (美しい)　아름답다
ぶっか (物価)　물가
てんき (天気)　날씨, 일기
タクシー　택시
はやい (速い)　빠르다
あつい (暑い)　덥다
こわい (怖い)　무섭다
れいめん (冷麺)　냉면
サムゲタン　삼계탕
カルビ　갈비
ことし (今年)　금년, 올해
しけん (試験)　시험
えき (駅)　역
かのじょ (彼女)　그녀, 그 여자
みじかい (短い)　짧다
せいせき (成績)　성적
クッキー　쿠키

1 イ형용사의 기본 문체 (2)

정중체 과거	긍정형	_____かったです。	~었/았습니다
	의문형	_____かったですか。	~었/았습니까?
	부정형	_____くありませんでした。	~지 않았습니다
		_____くなかったです。	

例) あの店の焼肉はおいしかったです。

あの店の焼肉はおいしかったですか。

あの店の焼肉はおいしくありませんでした。

あの店の焼肉はおいしくなかったです。

2 ~けど ~(이지)만　　　접속 조사

例) 入場料はちょっと高かったけど、おもしろかったです。

部屋は広かったけど、暗かったです。

3 ~し ~(하)고, ~는데다가　　　접속 조사

例) あの店の食べ物はおいしいし、安いし、量も多いです。

韓国の人は優しかったし、食べ物もおいしかったし、とてもよかったです。

4 ~の中で~が一番~ですか ~중에서 ~을(를)/이(가) 가장 ~ㅂ니까?

例) スポーツの中で何が一番おもしろいですか。

韓国料理の中で何が一番おいしかったですか。

💬 문형연습

다음 보기와 같이 말해 볼까요?

1. <u>ディズニーランド</u>はどうでしたか。
　　①

とても<u>楽（たの）しかった</u>です。
　　　②

例（れい）)

1) あの映画（えいが）　　　2) 田中先生（たなかせんせい）　　　3) 修学旅行（しゅうがくりょこう）
　　おもしろい　　　　　　優（やさ）しい　　　　　　　よい

2. <u>人（ひと）</u>は<u>多（おお）かった</u>ですか。
　　①　　②

いいえ、あまり<u>多（おお）く</u>ありませんでした。
　　　　　　③

例（れい）)

1) 友（とも）だちの家（いえ）　　　2) このまんが　　　3) テスト
　　近（ちか）い　　　　　　　おもしろい　　　　　難（むずか）しい
　　近（ちか）い　　　　　　　おもしろい　　　　　難（むずか）しい

3. <u>入場料（にゅうじょうりょう）</u>はちょっと<u>高（たか）かった</u>けど、<u>おもしろかった</u>です。
　　①　　　　　　　②　　　　　　　③

例（れい）)

1) キムチ　　　　　2) 部屋（へや）　　　3) 食（た）べ物（もの）の量（りょう）
　　辛（から）い　　　　広（ひろ）い　　　　多（おお）い
　　おいしい　　　　暗（くら）い　　　　まずい

다음 밑줄 친 곳에 보기에 있는 단어를 넣어 말해 봅시다.

佐藤先生　あやかさん、韓国旅行はどうでしたか。

あやか　<u>韓国の人は優しかった</u>し、食べ物もおいしかったし、
　　　　　　①

とてもよかったです。

佐藤先生　<u>キムチ</u>はどうでしたか。
　　　　　　②

あやか　とても<u>辛かった</u>けど、
　　　　　　③

<u>おいしかった</u>です。
　　　　④

佐藤先生　韓国料理の中で何が

一番おいしかったですか。

あやか　<u>焼肉</u>が一番おいしかったです。
　　　　　⑤

보 기

① 景色も美しかった 경치도 아름다웠다	物価も安かった 물가도 쌌다	天気もよかった 날씨도 좋았다
② 天気 날씨	焼肉 불고기	ソウルのタクシー 서울의 택시
③ よかった 좋았다	おいしかった 맛있었다	速かった 빨랐다
④ 暑かった 더웠다	高かった 비쌌다	怖かった 무서웠다
⑤ 冷麺 냉면	サムゲタン 삼계탕	カルビ 갈비

1. 다음 단어를 과거형 및 부정형으로 완성하세요.

1) たのしい → (　　　　　) → (　　　　　) → (　　　　　　)
　　즐겁다　　　　　즐거웠다　　　　　즐겁지 않았다　　　　즐거웠습니까?

2) おいしい → (　　　　　) → (　　　　　) → (　　　　　　)
　　맛있다　　　　　맛있었다　　　　　맛이 없었다　　　　　맛이 없었습니까?

3) よい → (　　　　　) → (　　　　　) → (　　　　　　)
　　좋다　　　　　좋았다　　　　　좋지 않았다　　　　　좋았습니까?

4) やさしい → (　　　　　) → (　　　　　) → (　　　　　　)
　　쉽다　　　　　쉬웠다　　　　　쉽지 않았다　　　　　쉽지 않았습니까?

5) あつい → (　　　　　) → (　　　　　) → (　　　　　　)
　　덥다　　　　　더웠다　　　　　덥지 않았다　　　　　덥지 않았습니까?

6) くらい → (　　　　　) → (　　　　　) → (　　　　　　)
　　어둡다　　　　　어두웠다　　　　　어둡지 않았다　　　　　어두웠습니까?

2. 빈칸을 채워 다음 문장을 완성하세요.

1) このレストランは建物はきたない＿＿＿＿＿＿、味はいいです。
　　이 레스토랑 건물은 지저분하지만, 맛은 좋습니다.

2) 日本語の授業は＿＿＿＿＿＿ですか。 일본어 수업은 어떻습니까.

　　そうですね。ちょっと難しいです＿＿＿＿＿＿、おもしろいです。
　　글쎄요. 조금 어렵습니다만 재미있습니다.

3) あのすし屋は値段もやすい＿＿＿＿＿＿、味もいい。
　　저 초밥집은 가격도 싸고 맛도 좋다.

4) 日本語と英語とフランス語の＿＿＿＿＿＿、どれがいちばんむずかしいですか。
　　일본어와 영어와 프랑스어 중, 어느 것이 가장 어렵습니까?

　　フランス語が＿＿＿＿＿＿むずかしいです。 프랑스어가 가장 어렵습니다.

5) 果物の中で、＿＿＿＿＿＿おいしいですか。 과일 중에 무엇이 가장 맛있습니까?

　　ぶどうが＿＿＿＿＿＿おいしいです。 포도가 가장 맛있습니다.

새로나온 단어		
	あじ (味) 맛	ねだん (値段) 가격
たてもの (建物) 건물	えいご (英語) 영어	くだもの (果物) 과일
きたない 더럽다, 지저분하다	フランス語 프랑스어	ぶどう 포도

1. 대화를 듣고 아래의 문장이 대화 내용과 맞으면 ○표, 틀리면 ×표를 쓰세요.

(1) きのうの映画はおもしろくありませんでした。 (　　　　)

(2) 日本料理は安くておいしかったです。 (　　　　)

(3) 英語のテストは易しくありませんでした。 (　　　　)

(4) テミン君は日本の食べ物の中でとんカツが一番おいしかったです。 (　　　　)

2. 대화를 잘 듣고 그림에서 선택하세요.

(1) (　　　　)

(a)	(b)	(c)	(d)
	ン　タ 　ボ テ	夏 歳　曜	

(2) (　　　　)

(a)	(b)	(c)	(d)

(3) (　　　　)

(a)	(b)	(c)	(d)

(4) (　　　　)

(a)	(b)	(c)	(d)

한자	뜻	읽는방법	쓰는 순서	관련어
町	밭두둑 정	① ちょう ② まち	町	**市町村 (しちょうそん)** 시읍면 **港町 (みなとまち)** 항구도시
下	아래 하	① け、か ② した	下	**地下 (ちか)** 지하 **くつ下 (した)** 양말
先	먼저 선	① せん ② さき	先	**先生 (せんせい)** 선생님 **勤め先 (つとめさき)** 근무처, 근무지
生	날 생	① せい、しょう ② なま	生	**生徒 (せいと)** 학생 **一生 (いっしょう)** 일생
校	학교 교	① こう	校	**校長 (こうちょう)** 교장 **校門 (こうもん)** 교문

GAME 게임

게임방법

1. 4~6명씩 조를 만든다.

2. 선생님은 동물 그림카드 한 장을 보여주고 형용사 과거형 문장으로 표현한다.

3. 조에서 한 명씩 일어나서, 선생님의 문장을 듣고 O, X 판단이 되면 재빨리
   O, X 카드를 든다. 정답을 든 순서대로 세 조에게 점수를 준다.
   점수가 많은 조가 승~!

	선생님	학생
	おおきかったです。	O
	しろかったです。	X
	あかくありませんでした。	O

しろ 白い	きいろ 黄色い	たか 高い	おお 大きい	なが 長い	こわい

くろ 黒い	あか 赤い	あお 青い	ちい 小さい	みじか 短い	かわいい

게임응용

동물을 바꾸어 다양한 문장으로 표현하여 게임을 한다.

こうこうやきゅう
고교야구

일본에서는 야구가 국민스포츠로 꼽힙니다. 프로야구 팬은 압도적인 숫자를 자랑하지요.

그런 가운데 아마추어 야구 중에서 가장 유명한 것은 '고시엔(甲子園 こうしえん)'이라는 구장에서 열리는 전국 고교 야구입니다. 일년에 2번, 봄과 여름에 열리는데 경기가 TV로 실시간 중계되는 등 국민적 행사로 자리잡고 있습니다.

야구팀이 있는 전국의 고등학교 중에서 약 50개 학교가 선발되어 전국 고교야구 대회에 출전합니다. 토너먼트 형식으로 경기가 진행되며 전국 각지의 학교를 대표해서 뛰는 선수들이니 만큼 그 지역 사람들, 그리고 졸업한 선배들이 열렬히 응원합니다.

전국대회에 출전한 기념으로
고시엔의 흙을 담고있는
선수들

11과 ぼくは犬が大好きです。

저는 개를 무척 좋아합니다

학습목표

▌ナ형용사의 기본
　문형
▌중요 형용사 익히기

私(わたし) は猫(ねこ)が
好(す)きです。

どんな動物(どうぶつ)が
好(す)きですか。

ぼくは犬(いぬ)が
好(す)きです。

犬は怖くて、
好きじゃありません。

でも、子犬は小さい
から、かわいいです。

蛇は嫌いです。

11課 ぼくは犬が大好きです。

田中先生　あやかさんはどんな動物が好きですか。

あやか　　私は猫が好きです。

田中先生　テミン君は？

テミン　　犬です。ぼくは犬が大好きです。

田中先生　じゃ、嫌いな動物は？

テミン　　蛇です。蛇は大嫌いです。

あやか　　私も蛇は嫌いです。

田中先生　あやかさん、犬はどうですか。

あやか　　犬は怖くて、あまり好きじゃありません。

　　　　　でも、子犬は小さいから、かわいいです。

새로나온 단어

いぬ (犬) 개
だいすき (大好き) 매우 좋아함
どんな 어떤, 어떠한
どうぶつ (動物) 동물
すき (好き) 좋아함
すき(好き)ですか? 좋아합니까?
ねこ (猫) 고양이
へび (蛇) 뱀
だいきらい (大嫌い) 매우 싫어함
~じゃありません ~하지 않습니다
(정중체의 현재 부정형)
でも 그렇지만,
こいぬ (子犬) 강아지
~から ~때문에, ~이어서, ~니까
(이유를 나타내는 조사)
かわいい 귀엽다

しんせつ (親切) 친절
かた (方) 분 (ひと(사람)의 높임말)
まじめ 성실함, 착실함
くだもの (果物) 과일
のみもの (飲み物) 마실 것, 음료
やきゅう (野球) 야구
ゆうめい (有名) 유명함
やま (山) 산
すてき 멋짐, 세련됨
ひろし 히로시 (일본인 성)
ふじさん (富士山) 후지산
(일본에서 가장 높은 산 이름)
うた (歌) 노래
へただ (下手だ) 서투르다
にぎやか 번화함, 북적거림
とくい (得意) 잘함
かもく (科目) 과목

にがて (苦手) 다루기 어려운 상대,
대하기 싫은 상대
すうがく (数学) 수학
ほんとう (本当)? 정말?
うらやましい 부럽다
どうして 왜, 어째서
かがく (科学) 과학
れきし (歴史) 역사
たいいく (体育) 체육
びじゅつ (美術) 미술
こくご (国語) 국어
あんき (暗記) 암기
げんき (元気) 원기, 건강함
やまもと (山本) 야마모토
(일본인 성)
いそがしい (忙しい) 바쁘다, 분주하다
じょうずだ (上手だ) 잘함, 능숙함

1 ナ형용사 (형용동사) 의 기본 문체 (1)

정중체 현재	긍정형	_____です。	~합니다
	의문형	_____ですか。	~합니까?
	부정형	_____じゃありません。	~하지 않습니다
		_____じゃないです。	
		_____で	~하고/해서
		_____な＋명사	~한

例）先生は親切です。

　　先生は親切ですか。

　　先生は親切じゃありません。

　　先生は親切じゃないです。

　　先生は親切で、優しいです。

　　先生は親切な方です。

2 ~が (大)好きです　~을/를 (아주) 좋아합니다
　　~が (大)嫌いです　~을/를 (아주) 싫어합니다

🌸 ナ형용사「好き」,「嫌い」는 반드시 조사가「が」가 오고 우리말의「~을/를」로 해석합니다.

例）私は猫が好きです。

　　ぼくは犬が大好きです。

　　彼女はスポーツが嫌いです。

3 ナ형용사な＋명사　~한　　　　　　　　　ナ형용사의 연체형

例）先生は親切な方です。

　　あやかさんはまじめな生徒です。

4 ~から　~ (이기) 때문에, ~이어서, ~니까　(이유)　　　조사

例）新製品ですから、高いです。

　　犬は小さいから、かわいいです。

　　発音が難しいから、嫌いです。

다음 보기와 같이 말해 볼까요?

1. あやかちゃんはどんな <u>動物</u>が好きですか。
　　　　　　　　　　　　①
　　私は<u>猫</u>が好きです。
　　　　　②

例)

1) 果物　　　　　　2) 飲み物　　　　　3) スポーツ
　　すいか　　　　　　牛乳　　　　　　　野球

2. 一番嫌いな <u>動物</u>は<u>蛇</u>です。
　　　　　①　　　　②

例)

1) まじめ｜生徒　　2) 有名｜山　　　3) すてき｜先生
　　ひろし君　　　　　富士山　　　　　田中先生

3. <u>子犬</u>は<u>小さい</u>から、<u>かわいい</u>です。
　　　①　　②　　　　③

例)

1) 歌　　　　　　　2) 夏　　　　　　3) デパート
　　下手だ　　　　　　暑い　　　　　　　人が多い
　　嫌い　　　　　　　嫌い　　　　　　　にぎやか

회화연습

다음 밑줄 친 곳에 보기에 있는 단어를 넣어 말해 봅시다.

佐藤先生（さとうせんせい）　あやかさん、得意（とくい）な科目（かもく）と苦手（にがて）な科目（かもく）は何（なん）ですか。

あやか　得意（とくい）な科目（かもく）は<u>国語（こくご）</u>で、苦手（にがて）な科目（かもく）は<u>数学（すうがく）</u>です。
　　　　　　　　　　　①　　　　　　　　　　　　　②

佐藤先生（さとうせんせい）　テミン君（くん）の得意（とくい）な科目（かもく）は？

テミン　ぼくは<u>英語（えいご）</u>が得意（とくい）です。
　　　　　　　③

あやか　本当（ほんとう）？うらやましい。

私（わたし）、<u>英語（えいご）</u>はあまり
　　　　　③

好（す）きじゃありません。

佐藤先生（さとうせんせい）　どうして？

あやか　<u>発音（はつおん）</u>が難（むずか）しいから、嫌（きら）いです。
　　　　　④

보 기

①	音楽（おんがく）음악	科学（かがく）과학	歴史（れきし）역사
②	体育（たいいく）체육	美術（びじゅつ）미술	英語（えいご）영어
③	数学（すうがく）수학	国語（こくご）국어	歴史（れきし）역사
④	計算（けいさん）계산	文法（ぶんぽう）문법	暗記（あんき）암기

1. 다음은 イ형용사, ナ형용사의 활용에 관한 문제입니다. 빈칸에 알맞은 형용사를 넣으세요.

イ형용사	ナ형용사
1) _____バナナ 맛있는 바나나	1) _____町 조용한 도시(마을)
2) このバナナは_____。 이 바나나는 맛있다	2) この町は_____。 이 도시(마을)은 조용하다
3) このバナナは_____。 이 바나나는 맛이 없다	3) この町は_____。 이 도시(마을)은 조용하지 않다
4) 先生は_____。 선생님은 상냥하십니까?	4) 蛇は_____。 뱀은 싫어합니까?

2. 다음 단어를 가지고 그림에 맞는 문장으로 완성하세요.

예문
ぼくは
いちご
だいすき
➡ ぼくはいちごがだいすきです。

1)
ぼくは
サッカー
だいすき
➡

2)
さとうさんは
とても
げんき
➡

3)
やまもとさんは
すいか
だいきらい
➡

1. 대화를 잘 듣고 그림을 선으로 연결하세요.

1)

(1) テミン 　(2) あやか 　(3) イボラ 　(4) 田中先生〔た なかせんせい〕

(a) 寿司〔す し〕 　(b) とんカツ 　(c) ラーメン 　(d) 牛丼〔ぎゅうどん〕

2)

(1) テミン 　(2) あやか 　(3) イボラ 　(4) 原田〔はら だ〕

国語　数学　英語　音楽

(a) 国語〔こく ご〕 　(b) 数学〔すうがく〕 　(c) 英語〔えい ご〕 　(d) 音楽〔おんがく〕

2. 대화를 잘 듣고 질문에 대답하세요.

(1) あやかさんはいつが一番〔いちばん〕好〔す〕きですか。(　　　　　　　　　)

(2) あやかさんはどうして夏〔なつ〕が好〔す〕きじゃありませんか。(　　　　　　　　　)

(3) テミン君〔くん〕はどうして夏〔なつ〕が好〔す〕きですか。(　　　　　　　　　)

(4) テミン君〔くん〕はいつが一番嫌い〔いちばんきら〕ですか。(　　　　　　　　)

(5) 日本〔に ほん〕の冬〔ふゆ〕と韓国〔かんこく〕の冬〔ふゆ〕とどちらが寒〔さむ〕いですか。(　　　　　　　　　)

한자	뜻	읽는방법	쓰는 순서	관련어
車	수레 차	① しゃ ② くるま	車	電車 (でんしゃ) 전차 車 (くるま) 차
水	물 수	① すい ② みず	水	水曜日 (すいようび) 수요일 水 (みず) 물
正	바를 정	① せい、しょう ② ただしい	正	正門 (せいもん) 정문 正直 (しょうじき) 정직
文	글월 문	① ぶん、もん	文	文房具 (ぶんぼうぐ) 문방구 作文 (さくぶん) 작문
顔	얼굴 안	① がん ② かお	顔	顔色 (かおいろ) 안색 素顔 (すがお) 화장하지 않은 얼굴, 참모습, 실상

게임방법

1. 10~12명씩 조를 만든다.

2. 선생님은 1~100중에 좋아하는 숫자를 몰래 적어둔다.

3. 학생들은 好きです, 好きではありません의 문장을 사용하여 한 명씩 숫자를 표현한다. 숫자는 1~10중에서 선택한다.

4. 好きです 문장은 발표한 숫자만큼 덧셈을 하고, 好きじゃありません 문장은 발표한 숫자만큼 뺄셈을 한다.

5. 숫자는 50에서부터 셈을 시작한다.

1조	발표문장	50
학생 1	私は10が好きです。	+ 10
학생 2	私は3が 好きじゃありません。	− 3
학생 3	…	…

6. 마지막까지 계산된 숫자가 선생님이 써 둔 숫자와 가장 가까운 조가 승~!

게임응용

「あまり」,「一番」,「大」를 써서 문장을 발표하면, 발표한 숫자를 두 배로 셈하여 게임을 한다.

きゅうしょく
급식

일본도 급식을 각 교실에서 먹습니다. 특별히 학교식당이 마련되어 있지 않은 이상 대부분의 중학교가 교실에서 점심 식사를 먹는데요, 이 때 배식은 학생들이 돌아가면서 합니다. 일주일씩 급식 당번을 정해서 배식을 담당하고, 식사가 끝난 후 정리정돈까지 완벽하게 담당합니다.

어느 학교나 꼭
빠지지 않는 것이
우유 한 병

12과

東京で一番 有名な店です。

도쿄에서 가장 유명한 가게입니다

학습목표

ナ형용사(형용사)의 기본문형(과거형) 학습

すし屋

金閣寺
有名な観光地

銀座
にぎやかな町

やさいが
しんせん
新鮮です。

前は山田さんは
まえ　やまだ
しんせつ
親切でした。

こうつう　べんり
交通は便利では
ありませんでした。

12課 東京で一番有名な店です。

テミン 　ただいま。

あやか 　ああ、お帰りなさい。

　　　　おすしはどうでしたか。

テミン 　とてもおいしかったです。

あやか 　あのおすし屋は東京で

　　　　一番有名な店です。

テミン 　そうですか。

　　　　お客さんがとても多かったですよ。

　　　　でも、店の人はあまり親切じゃありませんでした。

あやか 　ところで、サッカーの試合は明日の何時からですか。

テミン 　午前１０時からです。

새로나온 단어

ただいま 다녀왔습니다
ああ、아~ (감탄사)
おかえりなさい (お帰りなさい)
어서오세요
(お) すし 초밥
~や (屋) ~가게, ~장수
おきゃくさん (お客さん) 손님
みせ の ひと (店の人) 가게사람
(가게에 종사하는 사람을 지칭)

ところで、그건 그렇고, 그런데 (접속사)
サッカー 축구
しあい (試合) 시합
しんじゅく (新宿) 신쥬쿠
(일본 도쿄의 지명)
せかい (世界) 세계
まち (町) 도회, 도시
ちかてつ (地下鉄) 지하철
べんり (便利) 편리함
せんぱい (先輩) 선배

しんせつ (親切) 친절
こうつう (交通) 교통
やさい (野菜) 야채
しずか (静か) 조용함, 조용하다
ハンサム 핸섬, 미남
こうえん (公園) 공원
ベッド 침대
だいどころ (台所) 부엌
いえのだいどころ (家の台所) 집 부엌
まえ (前) 이전, 앞, 전

1 ナ형용사 (형용동사) 의 기본 문체 (2)

정중체	과거	긍정형	_____でした。	~했습니다
		의문형	_____でしたか。	~했습니까?
		부정형	_____じゃありませんでした。	~하지 않았습니다

例）先生は親切でした。
　　先生は親切でしたか。
　　先生は親切じゃありませんでした。

2 ~で ~에서 (장소)　　　　　조사

例）あのおすし屋は東京で一番有名な店です。
　　富士山は日本で一番高い山です。

다음 보기와 같이 말해 볼까요?

1. あのおすし屋は東京で一番 有名な店です。
　　　　① 　　　　② 　　　　③

例)

1) 富士山
　　日本
　　有名 ｜ 山

2) 新宿
　　東京
　　にぎやか ｜ 町

3) 私の先生
　　世界
　　すてき ｜ 方

2. 地下鉄はとても便利でした。
　　　　① 　　　　②

例)

1) 生徒
　　まじめ

2) 先生
　　すてき

3) 先輩
　　親切

3. 店の人はあまり親切じゃありませんでした。
　　　　① 　　　　②

例)

1) 新宿
　　静か

2) 交通
　　便利

3) 野菜
　　新鮮

다음 밑줄 친 곳에 보기에 있는 단어를 넣어 말해 봅시다.

田中先生 テミン君、あやかさんの<u>お母さん</u>はどんな方でしたか。
　　　　　　　　　　　　　　　　　①

テミン　とてもきれいで、<u>親切な方</u>でした。
　　　　　　　　　②　　　　　③

田中先生 あやかさんの家は<u>学校</u>から近かったですか。
　　　　　　　　　　　　　　④

テミン　いいえ、近くありませんでした。

田中先生 あやかさんの<u>部屋</u>はどうでしたか。
　　　　　　　　　　　　⑤

テミン　広くてきれいでした。

보기

①	お父さん 아버지	お姉さん 누나(언니)	友だち 친구
②	ハンサムで 잘 생기고	優しくて 상냥하고	明るくて 밝고
③	すてき 멋짐	きれい 예쁨, 깨끗함	親切 친절함
④	駅 역	デパート 백화점	公園 공원
⑤	家 집	ベッド 침대	家の台所 집 부엌

✎ 연습문제

1. 다음은 イ형용사, ナ형용사의 활용에 관한 문제입니다.
빈칸에 알맞은 단어를 넣으세요.

イ 형용사	1) きのうは_____。 어제는 바빴습니다.	2) 昨年は_____。 작년에는 덥지 않았습니다.
	3) その店は_____。 그 가게는 맛있습니까?	4) _____パン 맛있는 빵
ナ 형용사	1) あのパン屋は_____。 저 빵집은 유명했습니다.	2) 図書館は_____。 도서관은 조용하지 않았습니다.
	3) 東京は_____。 동경은 번화했습니까?	4) _____花 예쁜 꽃
명사	1) きのうは_____。 어제는 비였습니다.	2) きのうは_____。 어제는 눈이 아니었습니다.
	3) きのうは_____。 어제는 비였습니까?	4) 日本語_____先生 일본어 선생님

2. 보기에서 적당한 말을 골라 빈칸을 채워 문장을 완성하세요.

> **보기**　・広かった　・親切　・おもかった　・きらい
> ・まじめでは　・上手では　・いそがしかった　・好き

1) あの食堂はやすいし、店員も_____です。

2) 先生のにもつはとても_____です。

3) そばは_____ではありません。

4) 私は日本語が_____ありません。

5) 今日は午前も午後も_____です。

6) 兄は子どものとき野菜が_____じゃありませんでした。

7) 山田さんはわかいとき_____ありませんでした。

> **새로나온 단어**
>
> ～し ～이고 　　　　　　　にもつ 짐　　　　　わかいとき 젊었을 때
> (단어들을 나열할 때 사용)　 そば 메밀국수　　　 あめ 비
> 　　　　　　　　　　　　　 こどものとき 어렸을 때　 ゆき 눈

1. 대화를 잘 듣고 맞는 것에 ○표를 하세요.

1)

新宿(しんじゅく)

(a) にぎやかでした。(　　　　　)

(b) にぎやかじゃありませんでした。(　　　　　)

2)

映画(えいが)

(a) 有名(ゆうめい)でした。(　　　　　)

(b) 有名(ゆうめい)じゃありませんでした。(　　　　　)

3)
おすし屋(や)

(a) 親切(しんせつ)でした。(　　　　　)

(b) 親切(しんせつ)じゃありませんでした。(　　　　　)

4)
1年生(いちねんせい)の
時(とき)の先生(せんせい)

(a) すてきでした。(　　　　　)

(b) すてきじゃありませんでした。(　　　　　)

* 時 때

2. 대화를 잘 듣고 질문에 대답하세요.

(1) 先生(せんせい)は中学生(ちゅうがくせい)の時(とき)、どんな科目(かもく)が得意(とくい)でしたか。(　　　　　　　　　)

(2) 先生(せんせい)は英語(えいご)は嫌(きら)いでしたか。(　　　　　　　　　　)

(3) 中学生(ちゅうがくせい)の時(とき)の先生(せんせい)の中(なか)で一番(いちばん)きれいな先生(せんせい)はどんな科目(かもく)の先生(せんせい)でしたか。

(　　　　　　　　　　　　)

(4) 先生(せんせい)の中学校(ちゅうがっこう)はにぎやかでしたか。(　　　　　　　　　)

(5) 交通(こうつう)は便利(べんり)でしたか。(　　　　　　　　　)

한자	뜻	읽는방법	쓰는 순서	관련어
手	손 수	① しゅ ② て	手	選手 (せんしゅ) 선수 手紙 (てがみ) 편지
足	발 족	① そく ② あし	足	遠足 (えんそく) 소풍 足音 (あしおと) 발소리
体	몸 체	① たい ② からだ	体	体育 (たいいく) 체육 体 (からだ) 몸, 건강
前	앞 전	① ぜん ② まえ	前	前進 (ぜんしん) 전진 前 (まえ) 앞
後	뒤 후	① ご ② あと、うしろ	後	午前 (ごぜん) 오전 後 (あと) 뒤, 후, 나중

足

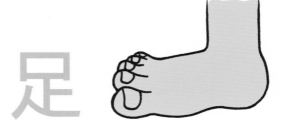

GAME 게임

1. 4~6명씩 조를 만든다.

2. 선생님은 그림 카드 한 장을 학생들에게 제시한다.

3. 학생들은 형용사와 형용동사의 과거 형을 사용하여 그림 카드를 표현한다.

4. 발표 기회는 학생당 1번, 재미있고 창의적인 문장은 가능한 한 인정해 준다.

배운 단어들을 직접 찾아볼 수 있도록 책을 보면서 발표를 할 수 있도록 한다.

정확히 그리고 가장 많이 표현하는 조가 승~!

게임응용

교과서 이 외의 다양한 그림을 제시해 본다.

せんせい	どうでしたか。	확인
テミン	あつかったです。	O
あやか	新鮮(しんせん)じゃありませんでした。	X
ボ　ラ	ハンサムでした。	O

男(おとこ)の子(こ)

女(おんな)の子(こ)

ねこ

本(ほん)

ディズニーランド

やさい

部屋(へや)

ケーキ

そつぎょうしき
졸업식

3학년 언니, 오빠들을 떠나 보낼 때가 왔네요. 1년의 마지막 행사, 졸업식입니다. 일본은 4월이 신학기이기 때문에 우리보다 한 달 늦은 3월에 졸업식을 합니다. 일본의 졸업식은 굉장히 엄숙하고 경건한 분위기 속에 진행되며 아쉬움에 눈물을 보이는 학생도 많습니다. '세컨드 버튼'이라고 들어보셨나요? 교복 단추 중에서 위에서 두 번째가 심장에 제일 가까운 곳에 있는 단추잖아요. 일본에서는 졸업식 날에 좋아하는 사람에게 세컨드 버튼을 떼어주며 고백을 하기도 한답니다.

세컨드 버튼

종합TEST

※ 다음 (　　　)안에 들어 갈 적당한 낱말을 찾아서 ○표 하세요.

1. テミン君 (　　　) 高校生ですか。

　　① の　　　　② は　　　　③ を　　　　④ に

2. いいえ、高校生 (　　　) ありません。中学生です。

　　① じゃ　　② ざ　　　③ と　　　④ しゃ

3. 誰 (　　　) CDですか。私のCDです。

　　① も　　　② は　　　③ の　　　④ で

4. 学校のテストは月曜日 (　　　) 火曜日までです。

　　① に　　　② まで　　③ と　　　④ から

5. 父と母、(　　　) 妹 と ぼくです。

　　① そして　② どうぞ　③ どうも　④ じゃ

6. 子供の日は (　　　) ですか。

　　① どの　　② いつ　　③ どこ　　④ いくら

7. 店も広 (　　　) 明るいですね。

　　① くて　　② い　　　③ から　　④ く

8. テミン君、ディズニーランドは (　　　) でしたか。

　　① いくら　② なん　　③ どう　　④ いくつ

9. あやかさんはどんな動物 (　　　) すきですか。

　　① を　　　② は　　　③ の　　　④ が

10. 富士山は日本(　　　) 一番 高い山です。

　　① で　　　② に　　　③ と　　　④ も

162

※ 아래 제시된 예문처럼 서로 맞는 짝을 찾아 연결해 보세요.

예문

お誕生日おめでとうございます。 → どうも、ありがとう(ございます)。

11. どうも、ありがとうございます。 •   • おかえりなさい。

12. いただきます。 •   • じゃあね。

13. ただいま。 •   • こちらこそ、よろしくお願いします。

14. では、またあした。 •   • いいえ、どういたしまして。

15. どうぞ、よろしくお願いします。 •   • ごちそうさまでした。

※ 어느 부분이 틀렸을까요? 찾아서 그 번호에 ×표 하세요.

16. 私の　お父さんは　学校の　先生です。
　　①　　②　　③　　④

17. ひる休みは　１２時から　1時と　1時間です。
　　①　　②　　③　　④

18. あやかさんは　うどんに　しますが、ラーメンに　しますか。
　　①　　②　　③　　④

19. 食べ物の　値段も　あまり　高くて　ないでしょう。
　　①　　②　　③　　④

20. 新宿は　東京から　一番　にぎやかな　町です。
　　①　　②　　③　　④

※ (　　　) 속에 들어갈 알맞은 낱말을 보기에서 골라 채워보세요.

> **보기** ・じゅうよっか　・ごがつ　・ひとり　・きょう　・きんようび
> ・よにん　・すいようび　・あさって　・しちがつ

21. おととい ― きのう ―(　　　　　) ― あした ―(　　　　　)
    그저께　　　　어제　　　　　오늘　　　　　　내일　　　　모레

22. げつようび ― かようび ―(　　　　) ― もくようび ―(　　　　)
    月曜日　　　　火曜日　　　　水曜日　　　　木曜日　　　　金曜日

23. しがつ ―(　　　　) ― ろくがつ ―(　　　　) ― はちがつ ― くがつ
    4月　　　5月　　　6月　　　7月　　　8月　　　9月

24. (　　　　) ― ふたり ― さんにん ―(　　　　) ― ごにん ― ろくにん
    一人　　　二人　　　三人　　　四人　　　五人　　　六人

25. よっか ―(　　　　　　　　　　) ― にじゅうよっか
    4日　　　　　　14日　　　　　24日

※ 밑줄 친 곳에 들어갈 가장 알맞은 말을 보기에서 골라 문장을 완성해 보세요.

> **보기** ・じゃありません　・ほしいです　・おいしかった
> ・ずっとさむくて　・すみません

26. ＿＿＿＿＿＿＿＿＿＿＿。メニューお願(ねが)いします。

27. ソウルは東京(とうきょう)の冬(ふゆ)より ＿＿＿＿＿＿＿＿、風(かぜ)も強(つよ)いです。

28. いいえ、会社員(かいしゃいん) ＿＿＿＿＿＿＿＿＿。高校(こうこう)の先生(せんせい)です。

29. とても辛(から)かったけど、＿＿＿＿＿＿＿＿です。

30. ぼくは携帯電話(けいたいでんわ)が ＿＿＿＿＿＿＿＿。

※ 다음 밑줄 친 한자는 어떻게 소리 내어 읽을까요? 알맞은 답을 고르세요.

31. それは<u>日本語</u>のCDです。
  ① ちゅうごくご　② にほんご　③ ロシアご　④ かんこくご

32. _{がっこう}学校は<u>何時</u>から<u>何時</u>までですか。
  ① なんじ　② いつ　③ いくら　④ なんばん

33. ご<u>両親</u>はおいくつですか。
  ① ちち　② はは　③ りょうしん　④ あに

34. お<u>誕生日</u>、おめでとうございます。
  ① なつやすみ　② けっこんしき　③ コンサート　④ たんじょうび

35. _{かんこく}韓国の<u>焼肉</u>はやわらかくて、おいしいです。
  ① パン　② やきにく　③ たべもの　④ やさい

36. この<u>部屋</u>はとても<u>広</u>くて、<u>明</u>るいです。
  ① へや　② いえ　③ きょうしつ　④ ぎんこう

37. ぼくは<u>犬</u>が<u>大好き</u>です。
  ① かわいい　② だいきらい　③ だいすき　④ こわい

38. <u>夏</u>は<u>暑</u>いから<u>嫌</u>いです。
  ① ふゆ　② やま　③ うた　④ なつ

39. あのおすし<u>屋</u>は<u>東京</u>で<u>一番</u><u>有名</u>な<u>店</u>です。
  ① すてき　② ゆうめい　③ にぎやか　④ まじめ

40. <u>店</u>の<u>人</u>はあまり<u>親切</u>じゃありません。
  ① しんせつ　② ハンサム　③ やさしい　④ きれい

※ 다음 문장을 읽고 질문에 일본어로 답하세요.

はじめまして。ぼくはハンテミンです。中学校 二年生です。
どうぞ、よろしくお願いします。
ぼくの家族は五人です。父と母、それから 兄と妹とぼくです。父は高校の先生
で、４６歳 です。母は主婦で、４２歳です。兄は高校生で、妹は小学生です。

41. テミン君のご家族は何人ですか。 (   )

42. テミン君のお父さんは何歳ですか。 (   )

43. テミン君のお兄さんは高校生ですか、小学生ですか。 (   )

44. 主婦は誰ですか。 (   )

※ 다음의 일본어를 우리말로 해석해 보세요.

45. 朝９時から、午後２時半までです。

   _____。

46. 私の電話番号はゼロはちゼロのいちにさんよんのごろくななきゅうです。

   _____。

47. 韓国の冬は東京の冬より寒いです。

   _____。

※ 주어진 단어를 이용하여 우리말을 일본어로 바꾸어보세요.

48. 그것은 친구의 책입니다. (友だち、本、の、です)

   それは_____。

49. 태민군은 어떤 과일을 좋아하나요? (どんな、が、果物、好きですか)

   テミンくんは_____。

50. 조금 비쌌지만, 재미있었습니다. (高かった、です、おもしろかった、けど)

   ちょっと_____。

부록

카드

절취선을 따라
오려서 만드세요.

본문번역

2 과

다녀오겠습니다 | 다녀오세요 | 다녀왔습니다
잘 먹겠습니다 | (아침 인사) 안녕
(낮 인사) 안녕하세요 | (저녁 인사) 안녕하세요
감사합니다 | 죄송합니다 | 잘 자

3 과

[마인드맵]

저는 (나는) | 중학생입니다 | 선생님입니다
고등학생입니다 | 김(성씨)입니다
잘 부탁합니다 | 저야말로 잘 부탁합니다

[본문]

아야카 : 처음 뵙겠습니다.
태　민 : 처음 뵙겠습니다.
아야카 : 저는 야마다 아야카입니다.
　　　　잘 부탁합니다.
태　민 : 저는 한태민입니다.
　　　　저야말로 잘 부탁합니다.
아야카 : 태민군은 고등학생입니까?
태　민 : 아니요, 고등학생이 아닙니다.
　　　　중학생입니다.

[회화연습]

여러분 안녕하세요.
저는 한태먼입니다. | 저는 이보라입니다.
중학교 2학년입니다. | 잘 부탁드립니다.

4 과

[마인드맵]

물어봅시다 | 무엇입니까? | 이것은 책입니다
그것은 신발입니다 | 저것은 CD입니다
누구입니까? | 저입니다 | 언니(누나)입니다
선생님입니다
어디입니까 | 이곳은 학교입니다
그곳은 책방입니다 | 저곳은 식당입니다

[본문]

태　민 : 아야카상, 이것은 무엇입니까?
아야카 : 그거요? 그것은 일본어 CD입니다.
태　민 : 누구의 CD입니까?
아야카 : 제 것입니다.
태　민 : 이 CD도 아야카상의 것입니까?
아야카 : 아니요, 그것은 언니 것입니다.

[회화연습]

아야카 : 태민군, 이곳은 저의 학교입니다.
태　민 : 아, 그렇습니까.
　　　　아야카상의 교실은 어디입니까?
아야카 : 저곳입니다.
　　　　입구 왼쪽입니다.
태　민 : 저 빌딩은 무엇입니까?
아야카 : 저것은 병원입니다.

5 과

[마인드맵]

학교는 몇 시부터입니까?　9시부터입니다.
학교는 9시부터 2시까지입니다. | 시험
메뉴 | 점심시간　점심식사　운동회

[본문]

태　민 : 아야카상의 학교는 몇 시부터입니까?
아야카 : 아침 9시부터입니다.
　　　　아침 9시부터 오후 2시 반까지입니다.
태　민 : 점심시간은 몇 시부터입니까?
아야카 : 12시부터 1시까지, 1시간입니다.
태　민 : 영어수업은 1주일에 몇 시간입니까?
아야카 : 5시간입니다.

[회화연습]

아야카 : 태민군, 일본어 시험은 몇 시부터입니까?
태　민 : 내일 11시부터입니다.
　　　　아야카상 학교 시험은요?
아야카 : 수요일부터 금요일까지입니다.
태　민 : 그럼, 여름방학은 언제부터입니까?
아야카 : 다음 주 월요일부터입니다.

6 과

[마인드맵]

할아버지 (조부) | 할머니 (조모)

아버지 | 어머니 | 누나 (언니) | 형 (오빠)

나 | 남동생 | 여동생

저의 가족은 9명입니다.

[본문]

다나카 : 태민군의 가족은 몇 명입니까?

태 민 : 4명입니다.

　　　　 아버지와 어머니, 그리고 여동생과 저입니다.

다나카 : 부모님은 몇 살이십니까?

태 민 : 아버지는 46세이고 어머니는 42세입니다.

　　　　 선생님, 자녀분은 몇 명이십니까?

다나카 : 2명입니다.

　　　　 태민군의 아버님은 회사원이십니까?

태 민 : 아니요, 회사원이 아닙니다.

　　　　 고등학교 선생님입니다.

[회화연습]

저의 가족은 6명입니다.

할아버지와 아버지와 어머니, 그리고 형과(오빠와)

여동생과 저입니다.

형은(오빠는) 고등학생이고, 여동생은 초등학생입니다.

7 과

[마인드맵]

생일 | 콘서트 | 정월 | 어린이날

마츠리 (축제) | 결혼식 | 여름방학

[본문]

아야카 : 태민군, 오늘 선생님 생일이에요.

태 민 : 아, 그렇습니까?

　　　　 선생님, 생일 축하드립니다.

다나카 : 고마워요.

　　　　 그런데 태민군의 생일은 언제입니까?

태 민 : 저는 5월 5일입니다.

다나카 : 어린이날이군요. 아야카상은?

아야카 : 저는 9월 20일입니다.

다나카 : 어머 어제였군요. 축하해요.

[회화연습]

태 민 : 아야카상, 그것은 무엇입니까?

아야카 : 이것은 휴대전화입니다.

태 민 : 아야카상의 전화번호는 몇 번입니까?

아야카 : 080-3254-1978입니다.

　　　　 태민군의 집은 어디입니까?

태 민 : 히마와리(해바라기) 아파트의 306호실입니다.

8 과

[마인드맵]

어서오세요. | 여기요, 메뉴 부탁합니다.

튀김우동은 얼마입니까? | 650엔입니다.

돈가스는 800엔입니다.

그럼 저는 돈가스로 할게요.

돈가스와 소고기덮밥 주세요. | 알겠습니다.

[본문]

점 원 : 어서오세요.

아야카 : 여기요, 메뉴 부탁합니다.

점 원 : 네, 여기 있습니다.

태 민 : 튀김우동은 얼마입니까?

아야카 : 650엔입니다.

태 민 : 돈가스는?

아야카 : 800엔입니다.

태 민 : 그럼 저는 돈가스로 하겠습니다.

아야카 : 여기요.

　　　　 돈가스와 소고기덮밥 주세요.

점 원 : 알겠습니다. 잠시 기다려주십시오.

[회화연습]

점 원 : 어서오세요.

아야카 : 여기요, 이 모자 얼마입니까?

점 원 : 그것은 1500엔입니다.

태 민 : 그 셔츠는 얼마입니까?

점 원 : 이것은 9800엔입니다.

태 민 : 비싸군요.
점 원 : 신제품이라 약간 비쌉니다.

9과

[마인드맵]
고기가 부드럽고 맛있습니다. | 부드럽다 | 맛있다
방이 넓고 밝군요. | 넓다 | 밝다
서울의 겨울은 도쿄의 겨울보다 춥고 바람이 셉니다.
춥다 | 세다, 강하다
일본어는 어렵지 않습니다. | 어렵다

[본문]
아야카 : 이 가게의 불고기는 맛있고 쌉니다.
태 민 : 가게도 넓고 밝군요.
아야카 : 음식 가격도 별로 비싸지 않지요?
태 민 : 그렇네요.
　　　　별로 비싸지 않군요.
아야카 : 한국의 불고기도 맛있지요?
태 민 : 예, 고기가 부드럽고 맛있습니다.
아야카 : 그런데 서울의 겨울은 어떻습니까?
태 민 : 도쿄의 겨울보다 훨씬 춥고 바람도 셉니다.

[회화연습]
다나카 : 태민군, 일본어는 어떻습니까?
태 민 : 약간 어렵습니다.
다나카 : 무엇이 어렵습니까?
태 민 : 한자와 가타카나입니다.
　　　　하지만 영어보다는 쉽습니다.
다나카 : 그렇습니까.
　　　　그런데 태민군은 무엇이 갖고 싶습니까?
태 민 : 저는 휴대전화가 갖고 싶습니다.

10과

[마인드맵]
디즈니랜드는 어떠했습니까?
매우 즐거웠습니다.
디즈니랜드 | 즐겁다
입장료가 조금 비쌌지만 재미있었습니다.

비싸다 | 재미있다
더웠습니까?
덥다
아니요, 별로 덥지 않았습니다.
덥지 않았다 | 덥지 않았습니다

[본문]
다나카 : 태민군, 디즈니랜드는 어떠했습니까?
태 민 : 매우 즐거웠습니다.
다나카 : 사람은 많았습니까?
태 민 : 아니요, 많지 않았습니다.
다나카 : 입장료는 얼마였습니까?
태 민 : 5700엔이었습니다.
　　　　약간 비쌌지만 재미있었습니다.
다나카 : 그렇습니까. 좋았겠군요.

[회화연습]
사 토 : 아야카상, 한국여행은 어떠했습니까?
아야카 : 한국 사람들은 친절했고 음식도 맛있었고
　　　　매우 좋았습니다.
사 토 : 김치는 어떠했습니까?
아야카 : 매우 매웠지만 맛있었습니다.
사 토 : 한국요리 중에서 무엇이 가장 맛있었습니까?
아야카 : 불고기가 가장 맛있었습니다.

11과

[마인드맵]
어떤 동물이 좋습니까?
저는 고양이가 좋습니다.
개는 무서워서 좋아하지 않습니다.
하지만 강아지는 작아서 귀엽습니다.
저는 개가 좋습니다.
뱀은 싫습니다.

[본문]
다나카 : 아야카상은 어떤 동물이 좋습니까?
아야카 : 저는 고양이가 좋습니다.
다나카 : 태민군은?
태 민 : 개입니다. 저는 개가 좋습니다.

다나카 : 그럼 싫어하는 동물은?

태　민 : 뱀입니다. 뱀은 매우 싫어합니다.

아야카 : 저도 뱀은 싫어합니다.

다나카 : 아야카상, 개는 어떻습니까?

아야카 : 개는 무서워서 별로 좋아하지 않습니다.
　　　　하지만 강아지는 작아서 귀엽습니다.

[회화연습]

사　토 : 아야카상, 잘하는 과목과 못하는 과목은
　　　　무엇입니까?

아야카 : 잘하는 과목은 국어고 못하는 과목은
　　　　수학입니다.

사　토 : 태민군의 자신 있는 과목은?

태　민 : 저는 영어가 자신 있습니다.

아야카 : 정말? 부러워라.
　　　　저는 영어는 그다지 좋아하지 않습니다.

사　토 : 왜?

아야카 : 발음이 어려워서 싫어합니다.

1 2 과

[마인드맵]

초밥집

긴카쿠지 (금각사) ｜ 유명한 관광지

긴자 ｜ 번화가

야채가 신선합니다.

이전에는 야마다씨는 친절했습니다.

교통은 편리하지 않았습니다.

[본문]

태　민 : 다녀왔습니다.

아야카 : 아, 어서오세요.
　　　　초밥은 어떠했습니까?

태　민 : 매우 맛있었습니다.

아야카 : 그 초밥집은 도쿄에서 가장 유명한
　　　　가게입니다.

태　민 : 그렇습니까.
　　　　손님이 매우 많았어요. 하지만
　　　　가게 사람은 그다지 친절하지 않았습니다.

아야카 : 그런데 축구 시합은 내일 몇 시부터입니까?

태　민 : 오전 10시부터입니다.

[회화연습]

다나카 : 태민군, 아야카상의 어머니는 어떤 분이셨
　　　　습니까?

태　민 : 매우 예쁘고 친절한 분이셨습니다.

다나카 : 아야카상의 집은 학교에서 가까웠습니까?

태　민 : 아니요, 가깝지 않았습니다.

다나카 : 아야카상의 방은 어떠했습니까?

태　민 : 넓고 깨끗했습니다.

연습문제 답안

1과

1 청음

1.

お	さ	き	ほ	る	む	て	ゆ
ho	ki	te	sa	ru	o	yu	mu

ぬ	へ	め	ま	ろ	う	と	わ
me	ro	nu	ma	he	to	wa	u

そ	ね	の	ち	れ	や	す	こ
ne	so	re	no	ko	chi	ya	su

り	よ	せ	た	い	け	も	な
se	yo	ri	i	ke	mo	ta	na

2.

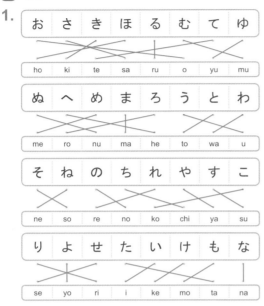

や	ま
ya	ma

さ	る
sa	ru

ね	こ
ne	ko

め
me

て	ら
te	ra

さ	し	み
sa	si	mi

く	る	ま
ku	ru	ma

も	り
mo	ri

て
te

2 3 탁음 · 반탁음

※
で	ば	ぞ	ぐ	ぜ	じ	が	ぽ
zo	de	gu	ba	ga	po	ze	ji

び	づ	ざ	ぢ	ぼ	ぷ	ぎ	べ
za	bi	bo	zu	gi	ji	be	pu

だ	ず	ぱ	げ	ぴ	ど	ご	ぶ
pa	ge	da	zu	do	bu	go	pi

4 - 7 요음 · 장음 · 촉음 · 발음

1.
kyu	mya	ryo	cha	pyu	zyo	byu	sya

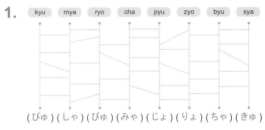

(びゅ) (しゃ) (びゅ) (みゃ) (じょ) (りょ) (ちゃ) (きゅ)

2.

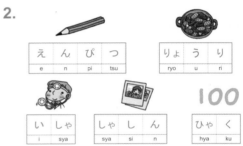

え	ん	ぴ	つ
e	n	pi	tsu

りょ	う	り
ryo	u	ri

い	しゃ
i	sya

しゃ	し	ん
sya	si	n

ひゃ	く
hya	ku

2과

1. 1) おはようございます ― おはよう
2) こんにちは ― こんにちは
3) こんばんは ― こんばんは
4) おやすみなさい ― おやすみ
5) いってきます ― いって(い)らっしゃい
6) いって(い)らっしゃい ― いってきます
7) さよなら ― じゃあね
8) ただいま ― おかえりなさい

2. 1) おはようございます 2) おはようございます
3) こんにちは
4) バイバイ (では、またあした)
5) こんばんは 　　　6) おやすみなさい
7) いっていらっしゃい 　　8) おかえりなさい

3과

1. 1) じ、ま、て 　　2) ど、ぞ、し、が、す

3) ち、こ   4) ゅ、が、せ

5) こ、こ、ゃ、ま

2. 1) 잘 부탁드립니다   2) 고등학생입니다

3) 처음 뵙겠습니다   4) 중학생이 아닙니다

5) 예, 그렇습니다.

3. 1) 선생님 (せんせい)   2) 회사원 (かいしゃいん)

3) 중학생 (ちゅうがくせい)

4) 고등학생 (こうこうせい)

4과

1) これはだれのＣＤですか。

2) これはわたしのにほんごのCDです。

3) それはともだちの本です。

4) あれはせんせいのくつです。

5) にほんごのほんはともだちのです。

6) そのえいごのしんぶんはせんせいのです。

7) あのおんがくのざっしはあねのです。

8) わたしのがっこうです。

9) そこはわたしのきょうしつです。

10) あそこはデパートです。

5과

1. 1) 今 (いま)、何時 (なんじ)

2) から、まで

3) 何時間 (なんじかん)

4) ぐらい

2. 1) く   2) ご、じ   3) ご、ろ、じ

4) さ、いち   5) る、ち

3. 1) 겨울방학 冬休み (ふゆやすみ)

2) 시험 試験 (しけん)

3) 금요일 金曜日 (きんようび)

4) 내일 明日 (あした)

5) 월요일 月曜日 (げつようび)

6과

1. 祖母 (そぼ)、父 (ちち)、母 (はは)、兄 (あに)、
妹 (いもうと)、私 (わたし)、兄 (あに)、高校生
(こうこうせい)、妹 (いもうと)、小学生 (しょう
がくせい)

2. お父さん (おとうさん)、お母さん (おかあさん)、
お姉さん (おねえさん)、弟さん (おとうとさん)、
お姉さん (おねえさん)、高校生 (こうこうせい)、
弟さん (おとうとさん)、小学生 (しょうがくせい)

3. 一人 ― ひとり   二人 ― ふたり

三人 ― さんにん   四人 ― よにん

五人 ― ごにん   六人 ― ろくにん

七人 ― ななにん   八人 ― はちにん

九人 ― きゅうにん   十人 ― じゅうにん

7과

1. 생략

2. 1) お誕生日   2) 何番

3) おめでとうございます   4) どうも

5) いつ (何月何日)   6) 何月何日

3. 1) 생략

2) ゼロいちきゅう　いちにさんよん

ごろくななはち

3) 060　5791　3824

8과

1. 1) 돈까스 ― とんカツ

2) 소고기 덮밥 ― 牛丼

3) 튀김우동 ― 天ぷらうどん

4) 라면 ― ラーメン

5) 주먹밥 ― おにぎり

6) 메밀국수 ― ざるそば

2.

173

3. 1) <u>にせんさんびゃくえん</u> (2300円)

2) <u>さんぜんきゅうひゃくえん</u> (3900円)

3) <u>さんまんろくせんえん</u> (36000円)

9과

1. 1) たかいです、ひくいです

2) あついです、さむいです

3) おいしいです、おいしくないです

4) おおきいです、ちいさいです

2. 1) あかるいです　　　2) まずいです

3) おおきい　　　　　4) やすくて

5) すずしい

3. 1) より、つよい　　　2) ほど

3) どちら、どちら

10과

1. 1) たのしかった、たのしくなかった、
たのしかったですか

2) おいしかった、おいしくなかった、
おいしくなかったですか

3) よかった、よくなかった、よかったですか

4) やさしかった、やさしくなかった、
やさしくなかったですか

5) あつかった、あつくなかった、
あつくなかったですか

6) くらかった、くらくなかった、
くらかったですか

2. 1) けど　　　2) どう、けど　　　3) し

4) 中で、一番　　　5) 何が一番、一番

11과

1. 1) おいしい、しずかな

2) おいしい、しずかだ

3) おいしくない、
しずかではない(しずかじゃない)

4) やさしいですか、きらいですか

2. 1) ぼくはサッカーがだいすきです。

2) さとうさんはとてもげんきです。

3) やまもとさんはすいかがだいきらいです。

12과

1. [イ형용사]

1) いそがしかったです

2) あつくなかったです

3) おいしかったですか

4) おいしい

[ナ형용사]

1) ゆうめいでした

2) しずかじゃなかったです
(しずかじゃありませんでした)

3) にぎやかでしたか

4) きれいな

[명사]

1) あめでした

2) ゆきじゃなかったです
(ゆきじゃありませんでした)

3) あめでしたか

4) の

2. 1) 親切　　　2) おもかった　　　3) きらい

4) 上手では　　　5) いそがしかった

6) すき　　　　7) まじめでは

1 과

1. 잘 듣고 ひらがな를 찾아 색칠하세요.

(1) な な　　(2) ち ち　　(3) つ つ　　(4) み み

(5) か か　　(6) く く　　(7) ほ ほ　　(8) う う

(9) や や　　(10) る る　　(11) ゆ ゆ　　(12) ね ね

(13) す す　　(14) き き　　(15) ふ ふ　　(16) ら ら

(17) む む　　(18) ぬ ぬ　　(19) れ れ　　(20) り り

(21) ひ ひ　　(22) に に　　(23) て て　　(24) さ さ

답]
よ	な	り	お	し	い	く	ひ	し
ち	そ	せ	つ	め	み	せ	え	ほ
さ	は	え	よ	か	の	へ	の	や
ぬ	れ	そ	た	わ	け	ま	と	う
れ	あ	へ	も	あ	も	こ	た	に
む	た	は	け	と	は	そ	お	る
お	ら	と	め	の	わ	め	ゆ	い
へ	も	ふ	け	そ	ら	ね	あ	れ
し	の	ら	き	ま	す	た	ま	へ
は	た	せ	あ	て	け	せ	と	い

2. 잘 듣고 단어를 아래에서 찾아보세요.

(1) ねこ ねこ　　(2) さる さる　　(3) りす りす

(4) うま うま　　(5) きつね きつね

(6) うし うし　　(7) いぬ いぬ　　(8) しか しか

답] (1) (b)　(2) (h)　(3) (f)　(4) (c)　(5) (i)
　　(6) (d)　(7) (a)　(8) (e)

2 과

대화를 잘 듣고 그림을 찾아보세요.

(1)　女 : こんにちは。

　　男 : こんにちは。

(2) 男 : いってきます。

　　女 : いってらっしゃい。

(3) 男 : おはようございます。

　女 : おはよう。

(4)　女 : いただきます。

(5) (トントントントン)

　　男 : しつれいします。

(6) 男 : じゃあ、またあした。バイバイ。

　　女 : さようなら。

(7) 女 : こんばんは。

　　男 : こんばんは。

(8) 男 : おたんじょうび、おめでとう。

　　女 : どうもありがとう。

　　男 : どういたしまして。

(9) 男 : あ、ごめんなさい。

(10) 女 : ごちそうさまでした。

(11) 男 : ただいま

　　女 : おかえりなさい。

(12) 女 : おやすみなさい。

　　男 : おやすみ。

답] (1) (e)　　(2) (b)　　(3) (a)　　(4) (f)
　　(5) (h)　　(6) (g)　　(7) (k)　　(8) (c)
　　(9) (j)　　(10) (i)
　　(11) (l)　　(12) (d)

3 과

1. 자기소개를 듣고 알맞은 단어를 보기에서 찾아보세요.

　　はじめまして。ぼくはハンテミンです。

　　ちゅうがくせいです。どうぞよろしく。

답] (1) (c)　　(2) (d)　　(3) (b)　　(4) (a)

2. 대화를 잘 듣고 누구인지 찾아보세요.

(1) 女 : こんにちは。たなかです。

　　男 : あ、たなかせんせい、こんにちは。

(2) 女 : みなさん、こんにちは。

　　やまだあやかです。

ちゅうがくにねんせいです。

どうぞよろしくおねがいします。

(3) 女：やまださんですか。

男：はい、そうです。

女：やまださんはこうこうせいですか。

男：いいえ、こうこうせいじゃありません。

かいしゃいんです。

(4) 女：はじめまして。

男：はじめまして。はらだです。

どうぞよろしく。

女：こちらこそ、よろしくおねがいします。

はらだくんはちゅうがくせいですか。

男：いいえ、ちゅうがくせいじゃありません。

こうこうせいです。

답] (1) (c)　　(2) (a)　　(3) (d)　　(4) (b)

ㄴ 과

1. 잘 듣고 (　) 안에 들어가는 말을 ひらがな로 쓰세요.

男：それは何ですか。

女：これは本です。

男：誰の本ですか。

女：田中先生のです。

男：あれも田中先生の本ですか。

女：いいえ、あれは田中先生のじゃありません。

私のです。

답] ① これ　②の　③あれ　④のじゃ　⑤の

2. 대화를 잘 듣고 그림을 선으로 연결하세요.

(1) 女：これは誰のかばんですか。

男：それですか。それはあやかさんのかばんです。

(2) 男：このくつは田中先生のですか。

女：いいえ、田中先生のくつじゃありません。

男：誰のですか。

女：それは山田さんのです。

(3) 女：あれは誰のですか。

男：どれですか。あの本ですか。

女：いいえ、あのCDです。

男：あのCDは田中先生のです。

(4) 男：これはテミン君の雑誌ですか。

女：いいえ、それはテミン君のじゃありません。

男：原田君のですか。

女：はい、それは原田君のです。

답] (1) (b)　　(2) (a)　　(3) (d)　　(4) (c)

5 과

1. 잘 듣고 몇 시인지 아래에서 찾아보세요.

(1) 男：今、何時ですか。

女：4時です。

(2) 女：今、何時ですか。

男：1時です。

(3) 女：今、何時ですか。

男：午後 7時です。

(4) 男：今、何時ですか。

女：午前9時です。

답] (1) (a)　　(2) (d)　　(3) (g)　　(4) (e)

2. 대화를 잘 듣고 질문에 대답하세요.

男：あやかさん、テストはいつからいつまでですか。

女：水曜日から金曜日までです。

男：じゃ、運動会はいつですか。

女：来週の土曜日です。

男：何時からですか。

女：朝１０時からです。

テミン君の日本語のテストも土曜日ですか。

男：はい、土曜日の9時からです。

女 : 日本語は1週間に何時間ですか。

男 : 4時間です。

[질문]

(1) あやかさんの学校のテストはいつからいつまで
ですか。

(2) 運動会はいつですか。

(3) 運動会は何時からですか。

(4) テミン君の日本語のテストはいつですか。

(5) テミン君の日本語のテストは何時からですか。

(6) 日本語は1週間に何時間ですか。

답] (1) 水曜日から金曜日まで　(2) 来週の土曜日

(3) 朝10時から　　　　　　(4) (来週の)土曜日

(5) 9時　　　　　　　　　　(6) 4時間

6과

1. 잘 듣고 (　)안에 숫자를 넣으세요.

女 : 私の家族は5人です。兄弟は3人で、
兄が1人、妹が1人です。
父は47歳で、母は43歳です。兄は18歳で
高校生です。妹は小学生で11歳です。

답] ① 5　　② 3　　③ 1　　④ 1

⑤ 47　　⑥ 43　　⑦ 18　　⑧ 11

2. 잘 듣고 아래그림에서 찾아보세요.

(1) 女 : 私の家族は5人家族です。
父と母、それから妹と弟です。

(2) 男 : ぼくの家族は両親と弟の4人家族です。

(3) 男 : ぼくの家族は5人です。
父と母、それから妹と弟です。

(4) 女 : 私の家族は6人です。
祖父と祖母と両親、それから弟です。

(5) 男 : ぼくの家族は祖母と両親の4人家族です。

답] (1) (e)　　(2) (a)　　(3) (c)

(4) (d)　　(5) (f)

3. 대화를 잘 듣고 질문에 ○×로 답하세요.

女 : 原田君の家族は何人ですか。

男 : ぼくの家族は6人です。
祖父と祖母と両親、それから弟が1人です。

女 : そうですか。
おじいさんとおばあさんは何歳ですか。

男 : 祖父は70歳で、祖母は68歳です。

女 : 弟さんは何歳ですか。

男 : 弟は、12歳で小学生です。

女 : そうですか。私の弟も12歳ですよ。

男 : 山田さんも弟さんと2人兄弟ですか。

女 : いいえ、姉と弟の3人兄弟です。

男 : じゃ、何人家族ですか。

女 : 5人家族です。

[질문]

(1) 原田君の家族はおじいさんとおばあさん、
ご両親と弟さんの6人家族です。

(2) 原田君のおじいさんは70歳、おばあさんは
67歳です。

(3) 原田君の弟さんと山田さんの弟さんは小学生です。

(4) 山田さんは弟さんと2人兄弟です。

답] (1) (○)　2) (×)　(3) (○)　(4) (×)

7과

1. 대화를 잘 듣고 날짜를 써 보세요.

(1) 女 : 誕生日はいつですか。

男 : ぼくの誕生日は7月8日です。

(2) 男 : 誕生日はいつですか。

女 : 9月9日です。

(3) 女 : 今日は何日ですか。

男：今日は3月6日です。

(4) 男：日本語のテストは何月何日ですか。

女：12月4日です。

(5) 男：田中先生の誕生日はいつですか。

女：2月20日ですよ。

(6) 女：テミン君のお父さんの誕生日はいつですか。

男：ぼくの父の誕生日は4月1日です。

답] (1) (7)月(8)日　　(2) (9)月(9)日

(3) (3)月(6)日　　(4) (12)月(4)日

(5) (2)月(20)日　　(6) (4)月(1)日

2. 잘 듣고 질문에 맞는 날짜를 색칠하세요.

(1) 女：今日は4月10日です。あさっては何日ですか。

(2) 男：今日は8月4日です。きのうは何日でしたか。

(3) 女：今日は11月6日です。

おとといは何日でしたか。

(4) 男：テストは2月14日から16日までです。

(5) 女：コンサートは5月2日から8日までです。

(6) 男：お祭りは9月19日から20日までです。

답] (1)

4月

日	月	火	水	木	金	土
		1	2	3	4	5
6	7	8	9	10	11	12
13	14	15	16	17	18	19
20	21	22	23	24	25	26
27	28	29	30			

(2)

8月

日	月	火	水	木	金	土
				1	2	3
4	5	6	7	8	9	10
11	12	13	14	15	16	17
18	19	20	21	22	23	24
25	26	27	28	29	30	31

(3)

11月

日	月	火	水	木	金	土
						1
2	3	4	5	6	7	8
9	10	11	12	13	14	15
16	17	18	19	20	21	22
23	24	25	26	27	28	29

(4)

2月

日	月	火	水	木	金	土
					1	2
3	4	5	6	7	8	9
10	11	12	13	14	15	16
17	18	19	20	21	22	23
24	25	26	27	28		

(5)

5月

日	月	火	水	木	金	土
1	2	3	4	5	6	7
8	9	10	11	12	13	14
15	16	17	18	19	20	21
22	23	24	25	26	27	28
29	30	31				

(6)

9月

日	月	火	水	木	金	土
		1	2	3	4	5
6	7	8	9	10	11	12
13	14	15	16	17	18	19
20	21	22	23	24	25	26
27	28	29	30	31		

3. 대화를 잘 듣고 누구의 전화번호인지 선으로 연결하세요.

(1) 女：テミン君、電話番号は何番ですか。

男：010-4902-1104です。

(2) 男：あやかさんの携帯は何番ですか。

女：私の携帯番号は010-3579-4690です。

(3) 男：あやかさん、田中先生の電話番号は何番

ですか。

女：田中先生ですか。先生の電話番号は

011-8679-1023です。

(4) 男：原田君の電話番号は011-9158-0569ですか。

女：いいえ、9158-0562です。

답] (1) (d)　(2) (a)　(3) (b)　(4) (c)

8 과

1. 대화를 잘 듣고 얼마인지 그림을 연결하세요.

(1) 女：とんカツはいくらですか。

男：とんカツですか。とんカツは960円です。

(2) 女：ラーメンはいくらですか。

男：420円です。

(3) 女：コーラは140円ですか。

男：いいえ、150円です。

(4) 女：この帽子はいくらですか。

男：その帽子ですか。それは2900円です。

(5) 女：そのかばんはいくらですか。

男：このかばんは新製品なので、高いです。

7250円です。

女：そうですか。

(6) 女：あのくつは高いですか。

男：あれですか。あれも新製品なので、高いです。

女：いくらですか。

男：15800円です。

답] (1) (e)　　(2) (d)　　(3) (a)

(4) (b)　　　(5) (c)　　　(6) (f)

2. 대화를 잘 듣고 질문에 대답하세요.

女 : テミン君は何にしますか。

男 : みそラーメンはいくらですか。

女 : みそラーメンですか。すみません。
　　メニューお願いします。

店員 : はい、どうぞ。

女 : あ、みそラーメンは460円ですね。

男 : 牛丼はいくらですか。

女 : 牛丼は520円です。

男 : じゃ、おにぎりは？

女 : おにぎりは一つ80円です。

男 : じゃ、ぼくはおにぎり一つとみそラーメンに
　　します。あやかさんは？

女 : じゃ、わたしもおにぎり一つと、それから、
　　うどんにします。

男 : すみません。みそラーメン一つとうどん一つ、
　　それから、おにぎりを二つお願いします。

店員 : みそラーメン一つとうどん一つ、
　　　それから、おにぎり一つですね。

男 : いいえ、おにぎりは二つです。

店員 : はい、かしこまりました。少々お待ち
　　　ください。

답] (1) みそラーメン (460) 円
　　　牛丼 (520) 円
　　　おにぎり一つ (80) 円

(2) テミン (a) (d)　　　あやか (c) (d)

９과

1. 대화를 잘 듣고 어느 쪽 그림에 대해 말하고 있는지
　 ○를 그리세요.

(1) 男 : 田中先生は背が高いですか。

女 : いいえ、高くありません。

(2) 男 : あのかばんは軽いでしょう。

女 : ええ、小さくて軽いです。

(3) 男 : あやかさんの部屋は広いですか。

女 : ええ、この部屋より広くて、明るいです。

(4) 女 : テミン君は自転車がほしいですか。
　　　パソコンがほしいですか。

男 : そうですね。ぼくは自転車よりパソコンが
　　　ほしいです。

(5) 男 : お父さんが厳しいですか。お母さんが
　　　厳しいですか。

女 : 父はあまり厳しくありません。
　　　母のほうがずっと厳しいです。

(6) 女 : 日本語と英語、どちらが難しくないですか。

男 : そうですね。日本語のほうが難しくないです。

답] (1) (b)　　　(2) (a)　　　(3) (b)
　　(4) (b)　　　(5) (b)　　　(6) (a)

2. 잘 듣고 (　　)안에 ひらがな로 써보세요.

男 : このすいか、安くて大きいですね。

女 : ええ。

男 : メロンよりすいかのほうがずっと安いでしょう。

女 : ええ、メロンのほうがすいかより高いです。

男 : でも、メロンのほうがおいしいですよ。

女 : そうですね。

답] ① やすくて　　② ずっと　　③ でしょう
　　④ より　　　　⑤ でも　　　⑥ おいしい
　　⑦ そうですね

１０과

1. 대화를 듣고 아래의 문장이 대화 내용과 맞으면 ○표,
　 틀리면 ×표를 쓰세요.

(1) 男 : きのうの映画、おもしろかったですか。

女：はい、とてもおもしろかったです。

[男：きのうの映画はおもしろくありませんでした。]

(2) 女：テミン君、日本料理はどうでしたか。

　　男：少し高かったけど、とてもおいしかったです。

[女：日本料理は安くておいしかったです。]

(3) 男：英語のテストはどうでしたか。

　　女：難しかったです。

　　男：何が難しかったですか。

　　女：発音が難しかったです。

[男：英語のテストは易しくありませんでした。]

(4) 女：テミン君は日本の食べ物の中で何が一番

　　　　おいしかったですか。

　　男：ぼくはラーメンが一番おいしかったです。

　　女：そうですか。

　　　　私はとんカツが一番おいしかったです。

[男：テミン君は日本の食べ物の中でとんカツが

　　　一番おいしかったです。]

답] (1) ×　　　(2) ×　　　(3) ○　　　(4) ×

2. 대화를 잘 듣고 그림에서 선택하세요.

(1) 女：日本語はどうですか。

　　男：そうですね。おもしろいけど難しいです。

　　女：きのうテストでしたね。どうでしたか。

　　男：とても難しかったです。

　　女：何が一番難しかったですか。

　　男：そうですね。漢字が一番難しかったです。

(2) 男：韓国料理はどうでしたか。

　　女：ちょっと辛かったけど、おいしかったです。

　　男：何が一番おいしかったですか。

　　女：焼き肉もおいしかったし、

　　　　冷麺もおいしかったけど、サムゲタンが

　　　　一番おいしかったです。

(3) 男：きのうの映画、どうでしたか。

女：とてもよかったです。

男：人は多くなかったですか。

女：ええ、日曜日でしたけど、

　　あまり多くなかったです。

(4) 男：韓国旅行はどうでしたか。

　　女：食べ物もおいしかったし、

　　　　とても楽しかったです。

　　男：天気はよかったですか。

　　女：ええ、とてもよかったです。

답] (1) (c)　(2) (d)　(3) (c)　(4) (a)

11과

1. 대화를 잘 듣고 그림을 선으로 연결하세요.

1)

(1) 女：テミン君は日本の食べ物の中でどんな

　　　　食べ物が好きですか。

　　男：そうですね。

　　　　とんカツとラーメンが好きです。

(2) 男：あやかさんはどんな食べ物が好きですか。

　　女：韓国の食べ物の中ではサムゲタンです。

　　男：じゃ、日本の食べ物の中ではどうですか。

　　女：日本の食べ物の中では、おすしが一番

　　　　好きです。

(3) 男：イーさんはどんな食べ物が好きですか。

　　女：そうですね。ちょっと高いけど、おすしです。

　　　　それから、牛丼も好きです。

　　男：ラーメンはどうですか。

　　女：ラーメンはあまり好きじゃありません。

(4) 男：田中先生、先生はどんな食べ物が好きですか。

　　女：ラーメンが好きです。ラーメンの中でも

　　　　みそラーメンが一番おいしいですね。

　　男：ぼくもラーメンは好きですけど、

　　　　みそラーメンはちょっと・・・

답] (1) (b, c)　　　(2) (a)
　　(3) (a, d)　　　(4) (c)

2)

(1) 女：テミン君、テミン君はどんな科目が
　　　　好きですか。
　　男：あまり得意じゃありませんけど、音楽が
　　　　好きです。
　　女：日本語はどうですか。
　　男：少し難しいです。

(2) 男：あやかさんは数学は得意ですか。
　　女：いいえ、苦手です。
　　男：じゃ、得意な科目は何ですか。
　　女：私は国語が得意です。
　　男：うらやましいですね。ぼくは国語は苦手です。

(3) 男：イーさんの得意な科目は何ですか。
　　女：私の得意な科目は数学です。
　　男：数学ですか。
　　　　でも、高校の数学は難しくありませんか。
　　女：ええ、少し難しいけど、おもしろいです。

(4) 女：原田君は、どんな科目が得意ですか。
　　男：ぼくですか。ぼくは、英語が得意です。
　　女：本当ですか。私は英語は発音が難しい
　　　　から、好きじゃありません。
　　男：そうですね。発音は少し難しいですね。

답] (1) (d)　(2) (a)　(3) (b)　(4) (c)

2. 대화를 잘 듣고 질문에 대답하세요.

男：あやかさんは、春、夏、秋、冬、いつが一番
　　好きですか。
女：私は春が一番好きです。テミン君は？
男：ぼくは、春より夏のほうが好きです。
女：そうですか。でも夏は暑いでしょう？私は夏は
　　暑いからあまり好きじゃありません。

男：ぼくは、暑いから夏が好きです。
　　でも、冬は寒いから大嫌いです。
女：私は夏よりは冬のほうがいいです。
男：そうですか？
　　でも日本の冬は韓国の冬より寒くないですね。

[질문]

(1) あやかさんはいつが一番好きですか。
(2) あやかさんはどうして夏が好きじゃありませんか。
(3) テミン君はどうして夏が好きですか。
(4) テミン君はいつが一番嫌いですか。
(5) 日本の冬と韓国の冬とどちらが寒いですか。

답] (1) 春です。　　　　(2) 暑いからです。
　　(3) 暑いからです。　(4) 冬です。
　　(5) 韓国の冬のほうが寒いです。

12과

1. 대화를 잘 듣고 맞는 것에 ○표를 하세요.

(1) 女：テミン君、日本はどうでしたか。
　　男：とてもよかったですよ。
　　女：新宿はにぎやかだったでしょう。
　　男：ええ、とてもにぎやかでした。

(2) 女：この映画、韓国でも有名でしたか。
　　男：ええ、有名な映画でしたよ。でも、
　　　　ぼくは、あまり好きじゃありませんでした。

(3) 女：あのおすし屋はどうでしたか。
　　男：お客さんが多くて、とてもおいしかったです。
　　女：店の人は親切でしたか。
　　男：いいえ、あまり親切じゃありませんでした。

(4) 男：あやかさん、一年生の時の先生はどんな
　　　　先生でしたか。
　　女：とてもまじめで、すてきな先生でしたよ。
　　男：中学校の先生はどうですか。

女：まじめで親切な先生です。

답] (1) (a)　　　(2) (a)　　　(3) (b)　　　(4) (a)

2. 대화를 잘 듣고 질문에 대답하세요.

男：先生、先生は中学校の時、
　　どんな科目が得意でしたか。

女：国語と歴史です。

男：英語はどうでしたか。得意でしたか。

女：そうですね。嫌いじゃありませんでしたよ。

男：英語の先生はどんな先生でしたか。

女：親切で、まじめな先生でした。背も高くて、
　　学校で一番きれいな先生でした。

男：中学校は大きかったですか。

女：ええ、大きくてきれいで、生徒も多かった
　　です。とてもにぎやかでしたよ。

男：交通は便利でしたか。

女：いいえ、あまり便利じゃありませんでした。

[질문]

(1) 先生は中学校の時、どんな科目が得意でしたか。

(2) 先生は英語は嫌いでしたか。

(3) 中学校の時の先生の中で一番きれいな先生は
　　どんな科目の先生でしたか。

(4) 先生の中学校はにぎやかでしたか。

(5) 交通は便利でしたか。

답] (1) 国語と歴史が得意でした。

　　(2) いいえ、嫌いじゃありませんでした。

　　(3) 英語の先生です。

　　(4) はい、にぎやかでした。

　　(5) いいえ、あまり便利じゃありませんでした。

1. ②　　2. ①　　3. ③　　4. ④
5. ①　　6. ②　　7. ①　　8. ③
9. ④　　10. ①

11. どうも、ありがとうございます。
　　 ― いいえ、どういたしまして。

12. いただきます。 ― ごちそうさまでした。

13. ただいま。 ― おかえりなさい。

14. では、またあした。 ― じゃあね。

15. どうぞ、よろしくお願いします。
　　 ― こちらこそ、よろしくお願いします。

16. ②　　17. ③　　18. ②　　19. ③

20. ②

21. きょう / あさって

22. すいようび / きんようび

23. ごがつ / しちがつ　　24. ひとり / よにん

25. じゅうよっか　　　26. すみません

27. ずっとさむくて　　28. じゃありません

29. おいしかった　　　30. ほしいです

31. ②　　32. ①　　33. ③　　34. ④
35. ②　　36. ①　　37. ③　　38. ④
39. ②　　40. ①

41. 五人です

42. ４６歳です

43. 高校生です

44. テミン君のお母さんです

45. 아침 9시부터, 오후 2시 반까지입니다.

46. 내 전화번호는 080 - 1234 - 5679입니다.

47. 한국의 겨울은 도쿄의 겨울보다 춥습니다. (추워요.)

48. それは友だちの本です。

49. テミンくんはどんな果物が好きですか。

50. ちょっと高かったけど、おもしろかったです。

색인

색인

색인

정선을 오려서 사용하세요.

あ	い	う	え
お	か	き	く
け	こ	さ	し

す	せ	そ	た
ち	つ	て	と
な	に	ぬ	ね
の	は	ひ	ふ
へ	ほ	ま	み

む め も や
ゆ よ ら り
る れ ろ わ
を ん

がんばれ

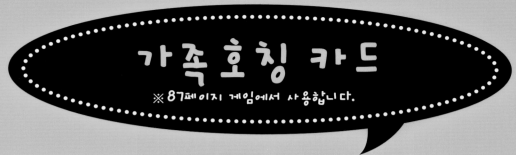

가족 호칭 카드

※ 87페이지 게임에서 사용합니다.

점선을 오려서 사용하세요.

숫자 카드

※ 99, 111페이지 게임에서 사용합니다.

점선을 오려서 사용하세요.

0	1

2	3	4	5	6
7	8	9	10	11
12	13	14	15	16
17	18	19	20	21
22	23	24	25	26
27	28	29	30	31

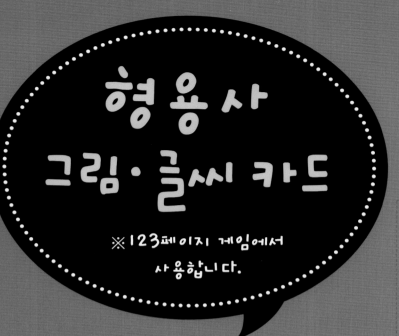

형용사
그림·글씨 카드

| 그림카드 20매
| 글씨카드 20매

※123페이지 게임에서
사용합니다.

정선을 오려서 사용하세요.

おいしい

まずい

たかい

やすい

おおきい

ちいさい

ひろい

せまい

あかるい

くらい

あつい

さむい

はやい		
	おそい	むずかしい
やさしい		
30g	とおい	ちかい
かるい		おもい